JN334142

なりたい自分《じぶん》になろう！

人生《じんせい》を切《き》りひらいた女性《じょせい》たち 3

文学《ぶんがく》 美術《びじゅつ》 芸能《げいのう》 文化《ぶんか》 編《へん》

伊藤 節／樋口恵子 監修

教育画劇

はじめに

本書《ほんしょ》では、さまざまな分野《ぶんや》で草分《くさわ》けとなった女性《じょせい》たちの生《い》き方《かた》を取《と》り上《あ》げています。みんなそれぞれ得意《とくい》な分野《ぶんや》で本領《ほんりょう》を発揮《はっき》し、独創的《どくそうてき》な仕事《しごと》を成《な》し遂《と》げてきました。ですがここで考《かんが》えなければならないのは、彼女《かのじょ》たちがこのような仕事《しごと》をする過程《かてい》でぶつかったであろう大《おお》きな困難《こんなん》です。時代《じだい》によっても異《こと》なりますが、この社会《しゃかい》では、男性《だんせい》の仕事《しごと》と女性《じょせい》の仕事《しごと》を分《わ》けるという伝統《でんとう》が長《なが》く続《つづ》いていました。女《おんな》の子《こ》は成長《せいちょう》過程《かてい》で、女性《じょせい》の居場所《いばしょ》は家庭《かてい》であるという根強《ねづよ》い考《かんが》え方《かた》に大《おお》きな影響《えいきょう》を受《う》け続《つづ》けてきたのです。

時代《じだい》の変化《へんか》とともに、社会的《しゃかいてき》・経済的《けいざいてき》な力《ちから》が人々《ひとびと》のそのような考《かんが》え方《かた》をすこしずつ変《か》えてはきました。しかしここに登場《とうじょう》した女性《じょせい》たちのチャレンジの道《みち》のりは、決《けっ》して平《へい》たんなものではなかったことがわかると思《おも》います。それは強《つよ》い意志《いし》と努力《どりょく》と勇気《ゆうき》によって取《と》り組《く》まれた結果《けっか》ではなかったでしょうか。私《わたし》たちは、みんなこうした先輩女性《せんぱいじょせい》たちに負《お》うところが大《おお》きいのです。女性《じょせい》が全面的《ぜんめんてき》に参加《さんか》するこれからの社会《しゃかい》を考《かんが》える上《うえ》でも、過去《かこ》の女性《じょせい》たちがどのように人生《じんせい》を切《き》り拓《ひら》いていったかを知《し》ることはとても重要《じゅうよう》なことでしょう。

明治維新《めいじいしん》を迎《むか》えてからも、女性《じょせい》が舞台《ぶたい》に立《た》てるようになるにはまだまだ時《とき》を要《よう》しました。外国《がいこく》においても状況《じょうきょう》は似《に》たようなものでした。女性《じょせい》が小説《しょうせつ》や絵画《かいが》など芸術的才能《げいじゅつてきさいのう》を発揮《はっき》したり、スポーツで活躍《かつやく》したりすることを、「女《おんな》らしくない」と白《しろ》い目《め》で見《み》る風潮《ふうちょう》はかなり長《なが》く続《つづ》いたのです。

この巻《かん》に収《おさ》められた女性《じょせい》たちは、偏見《へんけん》に満《み》ちた厚《あつ》い壁《かべ》を破《やぶ》って、自分《じぶん》の才能《さいのう》を発揮《はっき》し、自分自身《じぶんじしん》が光《ひかり》となり、世《よ》の人々《ひとびと》に感動《かんどう》を贈《おく》り届《とど》けました。

みんな、すばらしい才能《さいのう》に恵《めぐ》まれていますが、一度《いちど》で花開《はなひら》いたわけではありません。壁《かべ》にぶつかり、挫折《ざせつ》し、失敗《しっぱい》もしましたが、努力《どりょく》を続《つづ》け、また挑戦《ちょうせん》しました。これからは人生《じんせい》100年時代《ねんじだい》、みなさんも簡単《かんたん》にあきらめない忍耐強《にんたいづよ》さを、ぜひ学《まな》びとってほしいと思《おも》います。

伊藤《いとう》 節《せつ》
東京家政大学教授《とうきょうかせいだいがくきょうじゅ》
女性未来研究所副所長《じょせいみらいけんきゅうじょふくしょちょう》

樋口恵子《ひぐちけいこ》
評論家《ひょうろんか》
東京家政大学名誉教授《とうきょうかせいだいがくめいよきょうじゅ》
女性未来研究所所長《じょせいみらいけんきゅうじょしょちょう》

もくじ

石《いし》井《い》桃《もも》子《こ》

児童文学作家《じどうぶんがくさっか》・翻訳家《ほんやくか》

1907-2008年《ねん》／日本《にほん》(埼玉出身《さいたましゅっしん》)

手《て》がけた作品《さくひん》は約《やく》200冊《さつ》以上《いじょう》、日本《にほん》の児童文学《じどうぶんがく》の世界《せかい》を築《きず》き上《あ》げた

1953年《ねん》ごろ、岩波少年文庫《いわなみしょうねんぶんこ》の編集《へんしゅう》をしていた。

子《こ》どもたちよ
子《こ》ども時代《じだい》をしっかりと
たのしんでください。
おとなになってから 老人《ろうじん》になってから
あなたを支《ささ》えてくれるのは
子《こ》ども時代《じだい》の「あなた」です。

(出典《しゅってん》：2001年杉並区立中央図書館《ねんすぎなみくりつちゅうおうとしょかん》で開催《かいさい》された「石井桃子展《いしいももこてん》」に寄《よ》せられたメッセージより)

桃子《ももこ》は、おどろきや悲《かな》しみ、おもしろいと思《おも》うその体験《たいけん》が、人間《にんげん》を強《つよ》くすると信《しん》じていました。ですから、子《こ》どもたちがさまざまな感情《かんじょう》と出《で》会《あ》える、よい本《ほん》をたくさんつくることが大事《だいじ》だと信《しん》じて、仕事《しごと》を続《つづ》けました。

子《こ》どもの気持《きも》ちに向《む》き合《あ》い、子《こ》どもの本《ほん》をつくった

桃子《ももこ》は5歳《さい》のころ、姉《あね》に読《よ》んでもらった、『舌切《したき》りすずめ』が、おとなになっても心《こころ》に強《つよ》く残《のこ》っていました。おじいさんと仲《なか》がよかったすずめが、おばあさんに追《お》い出《だ》されてしまう場面《ばめん》で、悲《かな》しくなって大泣《おおな》きしてしまいます。もうじきお嫁《よめ》にいってしまうその姉《あね》と別《わか》れなくてはならない悲《かな》しさが重《かさ》なったのかもしれません。

そんな自分《じぶん》の体験《たいけん》から、人《ひと》はその人特有《ひととくゆう》のものの感《かん》じ方《かた》、考《かんが》え方《かた》で、自分《じぶん》では体験《たいけん》しないことでも、怖《こわ》がったり、おもしろがったりして、1つずつ学《まな》んでいくのだと知《し》ったのです。

親《した》しくしていたある家《いえ》で『クマのプーさん』の原書《げんしょ》と出《で》会《あ》い、児童文庫《じどうぶんこ》の立《た》ち上《あ》げに関《かか》わったことがきっかけで、児童書《じどうしょ》をつくることになります。勉強熱心《べんきょうねっしん》な桃子《ももこ》は、当時良質《とうじりょうしつ》な児童書《じどうしょ》がたくさん出《だ》され、児童文学《じどうぶんがく》に力《ちから》を入《い》れている海外《かいがい》に勉強《べんきょう》に行《い》きます。海外《かいがい》の児童書《じどうしょ》をつぎつぎに翻訳《ほんやく》し、自《みずか》ら物語《ものがたり》をつくるかたわら、自分《じぶん》の家《いえ》を開放《かいほう》して子《こ》どもたちに本《ほん》を読《よ》ませるなど、よい本《ほん》を子《こ》どもに出《で》合《あ》わせるために働《はたら》きました。児童書《じどうしょ》に関《かか》わるとは思《おも》いもしなかったと語《かた》りますが、深《ふか》く子《こ》どもの本《ほん》に向《む》き合《あ》った人生《じんせい》でした。

桃子《ももこ》が手《て》がけた本《ほん》のごく一部《いちぶ》。関《かか》わった本《ほん》は、翻訳《ほんやく》、創作《そうさく》、評論《ひょうろん》など200冊《さつ》をこえる。

子《こ》ども時代《じだい》 本好《ほんず》きの少女《しょうじょ》、自立《じりつ》を目指《めざ》す

桃子《ももこ》は1907年《ねん》、埼玉県浦和市《さいたまけんうらわし》に６人《にん》きょうだいの末《すえ》っ子《こ》として生《う》まれました。大家族《だいかぞく》のなかで、のびのびと育《そだ》ち、いつも祖父《そふ》や姉《あね》から物語《ものがたり》を聞《き》かせてもらい、本好《ほんず》きの少女《しょうじょ》となります。12、13歳《さい》ごろ、体《からだ》が弱《よわ》かった桃子《ももこ》は、夏休《なつやす》みに千葉《ちば》の漁村《ぎょそん》にあずけられると、海《うみ》で遊《あそ》んでは、その家《いえ》にあった『がんくつ王《おう》』や『シャーロック・ホームズ』などを読《よ》みました。だれかにすすめられたわけでもなく、自分《じぶん》が好《す》きで夢中《むちゅう》になったこの読書体験《どくしょたいけん》が、自分《じぶん》のなかに大《おお》きく残《のこ》っているといいます。浦和高等女学校《うらわこうとうじょがっこう》を卒業《そつぎょう》すると、日本女子大学校《にほんじょしだいがくこう》へ進学《しんがく》。２人《ふたり》の姉《あね》がお嫁《よめ》にいった先《さき》で苦労《くろう》した姿《すがた》を見《み》ていたため、職業《しょくぎょう》をもち自立《じりつ》しようと心《こころ》に決《き》めます。

２つちがいのすぐ上《うえ》の姉《あね》、祐《ゆう》と桃子《ももこ》（右《みぎ》）。２人《ふたり》は似《に》ていて、よくまちがえられた。『舌切《したき》りすずめ』は、いちばん上《うえ》の姉《あね》、初《はつ》に読《よ》んでもらった。

22歳《さい》 「文藝春秋《ぶんげいしゅんじゅう》」社《しゃ》に入社《にゅうしゃ》

大学卒業間際《だいがくそつぎょうまぎわ》に、親《した》しい友人《ゆうじん》にさそわれて、大学《だいがく》の近《ちか》くに住《す》む作家《さっか》で、文藝春秋社《ぶんげいしゅんじゅうしゃ》をおこした菊池寛《きくちかん》を訪《たず》ね、外国《がいこく》の雑誌《ざっし》や本《ほん》の記事《きじ》をまとめる仕事《しごと》をもらいます。1929年《ねん》、22歳《さい》で文藝春秋社《ぶんげいしゅんじゅうしゃ》に正式《せいしき》に入社《にゅうしゃ》し、永井龍男《ながいたつお》（後《のち》に作家《さっか》となる）のもとで、雑誌《ざっし》「婦人《ふじん》サロン」の編集《へんしゅう》の仕事《しごと》につきます。文藝春秋社《ぶんげいしゅんじゅうしゃ》には、川端康成《かわばたやすなり》や井伏鱒二《いぶせますじ》、横光利一《よこみつりいち》といった、当時人気《とうじにんき》の作家《さっか》がたくさん遊《あそ》びに来《き》ていて、桃子《ももこ》はかれらとも交流《こうりゅう》をもつようになります。

文壇《ぶんだん》の大御所《おおごしょ》

菊池寛《きくちかん》

（1888-1948年《ねん》）

作家《さっか》、劇作家《げきさっか》。1923年《ねん》雑誌《ざっし》「文藝春秋《ぶんげいしゅんじゅう》」を創刊《そうかん》、同社《どうしゃ》をおこします。作家《さっか》活動《かつどう》のほか、文芸家協会《ぶんげいかきょうかい》を立《た》ち上《あ》げ、芥川賞《あくたがわしょう》、直木賞《なおきしょう》、菊池寛賞《きくちかんしょう》をつくり、映画事業《えいがじぎょう》にも参入《さんにゅう》するなど、多方面《たほうめん》で活《かつ》やくしました。めんどうみがよく、長谷川町子《はせがわまちこ》（→p.16）の姉《あね》も、菊池《きくち》から小説《しょうせつ》の挿絵《さしえ》の仕事《しごと》をもらっていました。

26歳《さい》 プーに出会《であ》う

桃子《ももこ》が訳《やく》した『クマのプーさん』の初版本《しょはんぼん》。桃子《ももこ》はこの原書《げんしょ》を入手《にゅうしゅ》し、1940年《ねん》に出版《しゅっぱん》した。犬養家《いぬかいけ》にあった本《ほん》はこの続編《ぞくへん》で、『プー横丁《よこちょう》にたった家《いえ》』と訳《やく》し1942年《ねん》に出版《しゅっぱん》した。

菊池寛《きくちかん》のしょうかいで、犬養毅《いぬかいつよし》*の家《いえ》の書庫《しょこ》の整理《せいり》を手伝《てつだ》うようになります。息子《むすこ》の犬養健《いぬかいたける》の２人《ふたり》の子《こ》どもと仲《なか》よくなり、1933年《ねん》のクリスマスイブに犬養家《いぬかいけ》を訪《おとず》れます。クリスマスツリーの下《した》に、英語《えいご》で書《か》かれた本《ほん》があり、２人《ふたり》の子《こ》どもは桃子《ももこ》に「読《よ》んで、読《よ》んで」とせがみます。桃子《ももこ》は「ある日《ひ》、プーは……」と訳《やく》し始《はじ》め、「雪《ゆき》やこんこん、ぽこぽん」などと読《よ》み進《すす》めると、おもしろいフレーズに子《こ》どもたちは喜《よろこ》びます。桃子《ももこ》はそれまで感《かん》じたことのない楽《たの》しさを感《かん》じ、続《つづ》きを訳《やく》してくると約束《やくそく》し、本《ほん》をあずかるのです。この本《ほん》こそが、後《のち》に翻訳出版《ほんやくしゅっぱん》する『プー横丁《よこちょう》にたった家《いえ》』で、桃子《ももこ》とプーの出会《であ》いでした。

＊明治《めいじ》から昭和《しょうわ》の政治家《せいじか》。憲法《けんぽう》に基《もと》づく政治《せいじ》を主張《しゅちょう》し、政党《せいとう》を立《た》ち上《あ》げ、首相《しゅしょう》になるが、1932年暗殺《ねんあんさつ》された。

27歳《さい》 児童《じどう》文学《ぶんがく》の道《みち》へ

桃子《ももこ》は1933年《ねん》に文藝春秋社《ぶんげいしゅんじゅうしゃ》を退社《たいしゃ》、1934年《ねん》、新潮社《しんちょうしゃ》の「日《に》本少国民文庫《ほんしょうこくみんぶんこ》」の編集《へんしゅう》にさそわれ、参加《さんか》します。このころから児童書《じどうしょ》に興味《きょうみ》をもち始《はじ》めます。２年後編集部《ねんごへんしゅうぶ》は解散《かいさん》。実家《じっか》の母《はは》が亡《な》くなったのをきっかけに、文藝春秋社時代《ぶんげいしゅんじゅうしゃじだい》の友人《ゆうじん》から荻《おぎ》窪《くぼ》の家《いえ》をゆずり受《う》け、一人暮《ひとりぐ》らしを始《はじ》めます。近所《きんじょ》には井伏《いぶせ》鱒二《ますじ》が住《す》んでいて、親《した》しくつき合《あ》うようになります。友人《ゆうじん》２人《ふたり》と出版社《しゅっぱんしゃ》を立《た》ち上《あ》げ、『たのしい川邊《かわべ》』、『ドリトル先生《せんせい》「アフリカ行《い》き」』の２冊《さつ》を出版《しゅっぱん》しますが、戦争《せんそう》が始《はじ》まったため、続《つづ》けることが難《むずか》しくなりました。

1940年《ねん》に出版《しゅっぱん》された『たのしい川邊《かわべ》』初版本《しょはんぼん》。原書《げんしょ》は、グレアムの『The Wind in the Willows』。

1941年《ねん》に出版《しゅっぱん》された『ドリトル先生《せんせい》「アフリカ行《い》き」』初版本《しょはんぼん》。原書《げんしょ》は、ロフティングの『The Story of Dr.Dolittle』。

井伏鱒二《いぶせますじ》（左《ひだり》）と桃《もも》子《こ》。アメリカに住《す》む友人《ゆうじん》が送《おく》ってくれた本《ほん》をおもしろいと思《おも》い、井伏《いぶせ》に訳《やく》をお願《ねが》いした。

戦争《せんそう》が始《はじ》まる

世界中《せかいじゅう》が不景気《ふけいき》になると、ドイツが周《まわ》りの国々《くにぐに》を侵略《しんりゃく》し、イギリスやフランスと争《あらそ》います。1939年《ねん》に第二次世界大戦《だいにじせかいたいせん》が始《はじ》まりました。日本《にほん》はドイツ、イタリアと同盟《どうめい》を組《く》み、イギリス、アメリカと戦《たたか》います。日本《にほん》は1941年《ねん》ハワイを攻撃《こうげき》し（太平洋戦争《たいへいようせんそう》の始《はじ》まり）ますが、広島《ひろしま》と長崎《ながさき》に原爆《げんばく》を投下《とうか》されます。1945年《ねん》8月《がつ》15日《にち》、終戦《しゅうせん》をむかえます。

朝《あさ》から晩《ばん》まで働《はたら》きどおしで苦《くる》しかったが、自然《しぜん》に暮《く》らし、自分《じぶん》で食料《しょくりょう》をつくる生活《せいかつ》を楽《たの》しんでいた。

38歳《さい》 山《やま》の生活《せいかつ》

戦争《せんそう》が始《はじ》まり、敵国《てきこく》の言葉《ことば》を翻訳《ほんやく》するような仕事《しごと》はなくなりました。桃子《ももこ》は軍需工場《ぐんじゅこうじょう》の労働環境《ろうどうかんきょう》や働《はたら》いている人《ひと》の健康状態《けんこうじょうたい》を調査《ちょうさ》する仕事《しごと》を得《え》ます。調《ちょう》査《さ》した工場《こうじょう》で出会《であ》った女性《じょせい》と仲《なか》よくなり、宮城県《みやぎけん》の山《やま》の一部分《いちぶぶん》を借《か》りて暮《く》らすことにしました。山小屋《やまごや》を建《た》て、田《た》畑《はた》を耕《たがや》し、ヤギとウシを飼《か》い、ネコと暮《く》らす生活《せいかつ》は、昔《むかし》から桃子《ももこ》が願《ねが》っていたことでしたが、いつも赤字続《あかじつづ》きでした。山《やま》に来《き》ても本《ほん》の仕事《しごと》を細々《ほそぼそ》と続《つづ》けてはいましたが、農業《のうぎょう》だけで暮《く》らしていくことの難《むずか》しさをあらためて感《かん》じます。東京《とうきょう》で「岩波少年文庫《いわなみしょうねんぶんこ》」の編集《へんしゅう》の仕事《しごと》でお金《かね》を得《え》ることにし、東京《とうきょう》と宮城《みやぎ》を往復《おうふく》しながらがんばりました。

『ノンちゃん雲《くも》に乗《の》る』は、戦争中《せんそうちゅう》に書《か》きためていた創作童話《そうさくどうわ》。山《やま》に来《き》て完成《かんせい》させ、1947年《ねん》に発刊《はっかん》された。1951年《ねん》「芸術選奨文部大臣賞《げいじゅつせんしょうもんぶだいじんしょう》」を受賞《じゅしょう》、大《だい》ベストセラーになる。この印税《いんぜい》で、ウシを買《か》い、酪農農業協同組合《らくのうのうぎょうきょうどうくみあい》をつくった。

『山《やま》のトムさん』は、山小屋《やまごや》のネズミ対策《たいさく》のために飼《か》われたネコとの暮《く》らしをつづった作品《さくひん》。

本物《ほんもの》のトムさん。

留学中《りゅうがくちゅう》の桃子《ももこ》。

47歳《さい》 児童文学《じどうぶんがく》を学《まな》ぶために海外《かいがい》へ留学《りゅうがく》

東京《とうきょう》での本《ほん》づくりの仕事《しごと》と宮城《みやぎ》での農作業《のうさぎょう》。二重《にじゅう》になった生活《せいかつ》に桃《もも》子《こ》はつかれ果《は》て、この先《さき》どうしようかとなやんでいました。そんな時《とき》、アメリカ留学《りゅうがく》の話《はなし》がまいこみます。

当時海外《とうじかいがい》には、多《おお》くの児童書専門《じどうしょせんもん》の図書館《としょかん》や出版社《しゅっぱんしゃ》がありました。桃子《ももこ》は優秀《ゆうしゅう》な図書館員《としょかんいん》、編集者《へんしゅうしゃ》、児童文学《じどうぶんがく》の批評家《ひひょうか》たちを訪《たず》ね、見学《けんがく》し話《はなし》を聞《き》きました。アメリカでは学校《がっこう》、図書館《としょかん》、出版社《しゅっぱんしゃ》が連携《れんけい》して、子《こ》どものためによい本《ほん》をつくるしくみがあることを知《し》り、日本《にほん》の児童《じどう》書《しょ》のために、自分《じぶん》がやるべき仕事《しごと》があることに気《き》づきます。こうして1年《ねん》の留学《りゅうがく》を終《お》え、桃子《ももこ》は自分《じぶん》の進《すす》むべき道《みち》をしっかりと定《さだ》めました。

読《よ》み聞《き》かせをする桃子《ももこ》。かつら文庫《ぶんこ》は今《いま》でも活動《かつどう》を続《つづ》けている。

51歳《さい》 子《こ》ども文庫《ぶんこ》を開《ひら》く

桃子《ももこ》は帰国後《きこくご》、子《こ》どもの本《ほん》にたずさわる人々《ひとびと》と児童《じどう》書《しょ》の研究《けんきゅう》を始《はじ》めます。また実際《じっさい》の読者《どくしゃ》である子《こ》どもたちをよく知《し》らなければならないと思《おも》い、「家庭文庫研究《かていぶんこけんきゅう》会《かい》」をつくり、勉強会《べんきょうかい》を重《かさ》ねます。勉強会《べんきょうかい》には『赤毛《あかげ》のアン』の翻訳者《ほんやくしゃ》、村岡花子《むらおかはなこ》（→p. 8）も参加《さんか》していました。

1958年《ねん》、自宅《じたく》を開放《かいほう》して本《ほん》を置《お》き、小学生《しょうがくせい》の子《こ》どもたちをまねき入《い》れます。「かつら文庫《ぶんこ》」と名《な》づけられたその小《ちい》さな図書室《としょしつ》は、20人《にん》だった会員《かいいん》が1年《ねん》で90人《にん》まで増《ふ》え、順調《じゅんちょう》にすべり出《だ》しました。その後《ご》、「東京子《とうきょうこ》ども図書館《としょかん》」へと発展《はってん》していきました。

「家庭文庫研究会《かていぶんこけんきゅうかい》」の参加者《さんかしゃ》。村岡花子《むらおかはなこ》（右《みぎ》から２番目《ばんめ》）、花《はな》子《こ》の娘《むすめ》のみどり（左《ひだり》はし）のとなりが桃子《ももこ》。

57歳《さい》 創作活動《そうさくかつどう》につき進《すす》む

翻訳《ほんやく》、創作《そうさく》に文庫《ぶんこ》の運営《うんえい》と、桃子《ももこ》はいそがしい毎日《まいにち》を送《おく》っていました。57歳《さい》の時《とき》、親《した》しい編集者《へんしゅうしゃ》が見《み》つけてきた絵本《えほん》を翻訳《ほんやく》し出版《しゅっぱん》したのが、『ちいさなうさこちゃん』です。その後《ご》は『ピーターラビット』の翻訳《ほんやく》、自《みずか》らの幼少体験《ようしょうたいけん》をつづった『幼《おさな》ものがたり』、自伝的《じでんてき》小説《しょうせつ》『幻《まぼろし》の朱《あか》い実《み》』などつぎつぎと発表《はっぴょう》します。力《ちから》を注《そそ》いだのは新《しん》作《さく》だけではありません。すでに出《で》た本《ほん》も増《ま》し刷《ず》りが決《き》まると、もっと読《よ》みやすい文章《ぶんしょう》になるように考《かんが》えます。子《こ》どもが初《はじ》めて出会《であ》う一冊《いっさつ》になるかもしれない、この本《ほん》によってその子《こ》の読書体験《どくしょたいけん》が決《き》まるかもしれないと、一字一句《いちじいっく》、心《こころ》をこめてつづり続《つづ》けた一生《いっしょう》でした。

「クマのプーさん」の作者《さくしゃ》ミルンの自伝《じでん》『今《いま》からでは遅《おそ》すぎる』。桃子《ももこ》は89歳《さい》で翻《ほん》訳《やく》を始《はじ》め、勉強《べんきょう》をしながら訳《やく》し、96歳《さい》で発刊《はっかん》した。

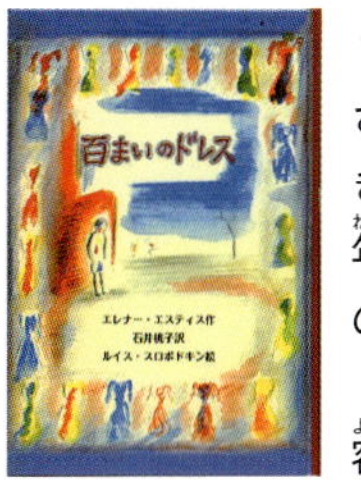

1954年《ねん》に出版《しゅっぱん》された『百《ひゃく》まいのきもの』は、50年《ねん》を経《へ》て『百《ひゃく》まいのドレス』とタイトルを変《か》え、内容《ないよう》も訳《やく》し直《なお》した。

村岡花子《むらおかはなこ》

翻訳家《ほんやくか》・児童文学作家《じどうぶんがくさっか》 ●1893-1968年《ねん》／日本《にほん》(山梨出身《やまなししゅっしん》)

給費生《きゅうひせい》から、英語《えいご》の得意《とくい》なお花《はな》ちゃんへ
子《こ》どもの明《あか》るい未来《みらい》を願《ねが》った、『赤毛《あかげ》のアン』の名翻訳者《めいほんやくしゃ》

1919年《ねん》、26歳《さい》の花子《はなこ》。

日本語《にほんご》の美《うつく》しさと
あたたかさを
若《わか》いむすめたちが
見失《みうしな》わないようにと祈《いの》る。

(出典《しゅってん》:『ひまわり』1947年《ねん》3月号《がつごう》「習慣《しゅうかん》について」)

40代《だい》になった花子《はなこ》は、妹《いもうと》の子《こ》ども・みどりを養女《ようじょ》にむかえ育《そだ》てていくなかで、少女《しょうじょ》たちにのびやかに成長《せいちょう》してほしいと願《ねが》い、少女雑誌《しょうじょざっし》にも多《おお》くエッセイを書《か》きました。

日本語《にほんご》を大事《だいじ》にすることは日本《にほん》の文化《ぶんか》を大切《たいせつ》にすることだと、言葉《ことば》の重《おも》みを感《かん》じとっていた花子《はなこ》だからこその一言《ひとこと》といえます。

少年《しょうねん》少女《しょうじょ》が楽《たの》しめるよい本《ほん》を

村岡花子《むらおかはなこ》は、『赤毛《あかげ》のアン』を初《はじ》めとする、かずかずの海外児童文学《かいがいじどうぶんがく》を日本《にほん》の子《こ》どもたちにしょうかいした翻訳家《ほんやくか》です。明治《めいじ》生《う》まれの花子《はなこ》が英語《えいご》を学《まな》び、当時《とうじ》はまだ職業《しょくぎょう》として確立《かくりつ》していなかった翻訳業《ほんやくぎょう》を生《しょう》がいの仕事《しごと》とできたのは、多《おお》くの人《ひと》の支《ささ》えと花子自身《はなこじしん》の努力《どりょく》があったからです。

英語《えいご》を学《まな》べる環境《かんきょう》へ送《おく》り出《だ》してくれた父親《ちちおや》、才能《さいのう》をのばしてくれた先生《せんせい》たち、ともに語《かた》り、はげまし合《あ》った友人《ゆうじん》たち、花子《はなこ》を愛《あい》し働《はたら》くことを支《ささ》えてくれた夫《おっと》、そして、花子《はなこ》がしょうかいする物語《ものがたり》を楽《たの》しみに待《ま》つ子《こ》どもたちの存在《そんざい》が、翻訳家《ほんやくか》・村岡花子《むらおかはなこ》を支《ささ》えたのです。『赤毛《あかげ》のアン』は、戦火《せんか》をくぐり抜《ぬ》けて、1952年《ねん》に出版《しゅっぱん》されました。両親《りょうしん》を亡《な》くし孤児院《こじいん》で育《そだ》ちながら、困難《こんなん》にも負《ま》けず、夢《ゆめ》と希望《きぼう》をいだいて人生《じんせい》を楽《たの》しんだアンの姿《すがた》は、花子《はなこ》が子《こ》どもたちに願《ねが》った姿《すがた》であり、花子《はなこ》の生《い》き方《かた》そのものでもありました。

『赤毛《あかげ》のアン』
シリーズ(新潮社《しんちょうしゃ》)
カナダの美《うつく》しい島《しま》で
想像力豊《そうぞうりょくゆた》かな少女《しょうじょ》アンが
生《い》き生《い》きと躍動《やくどう》する物語《ものがたり》。
全《ぜん》11巻《かん》。

『いたずらきかんしゃちゅうちゅう』
(福音館書店《ふくいんかんしょてん》)
石井桃子《いしいももこ》 (→p.4) らと家庭文庫研究会《かていぶんこけんきゅうかい》を結成《けっせい》し、その活動《かつどう》から出版《しゅっぱん》された翻訳本《ほんやくぼん》。原書《げんしょ》は、バージニア・リー・バートンの『CHOO CHOO』。

村岡花子《むらおかはなこ》の人生《じんせい》をたどってみよう

10歳《さい》 東洋英和女学校《とうようえいわじょがっこう》に入学《にゅうがく》

1903年《ねん》、華族《かぞく》とよばれる貴族階級《きぞくかいきゅう》の娘《むすめ》が通《かよ》う東京《とうきょう》・麻布《あざぶ》の東洋英和女学校《とうようえいわじょがっこう》に、花子《はなこ》は「給費生《きゅうひせい》*」として入学《にゅうがく》します。カナダ人《じん》宣教師《せんきょうし》が建《た》てたこの学校《がっこう》の寄宿舎《きしゅくしゃ》で生活《せいかつ》し、花子《はなこ》は英語《えいご》や西洋《せいよう》の文化《ぶんか》を学《まな》びました。初《はじ》めは何《なに》も話《はな》せませんでしたが、本好《ほんず》きでがんばり屋《や》の花子《はなこ》は、「英語《えいご》のお花《はな》ちゃん」とよばれるほど得意《とくい》になります。また、伯爵家《はくしゃくけ》の娘《むすめ》・柳原燁子《やなぎわらあきこ》（後《のち》の歌人《かじん》・白蓮《びゃくれん》）や、歌人《かじん》で翻訳家《ほんやくか》の片山廣子《かたやまひろこ》との出会《であ》いは、花子《はなこ》の人生《じんせい》に大《おお》きなえいきょうをあたえました。

*学校《がっこう》から学費《がくひ》をあたえられた生徒《せいと》。

花子《はなこ》が学《まな》んでいたころの東洋英和女学校《とうようえいわじょがっこう》。花子《はなこ》は、英語《えいご》の小説《しょうせつ》がたくさんある書籍室《しょせきしつ》がいちばん好《す》きだったという。

33歳《さい》 出版社設立《しゅっぱんしゃせつりつ》、長男《ちょうなん》との別《わか》れ

1920年《ねん》に長男道雄《ちょうなんみちお》が誕生《たんじょう》します。その3年後《ねんご》、関東大震災《かんとうだいしんさい》で夫《おっと》の会社《かいしゃ》は焼《や》け、多額《たがく》の借金《しゃっきん》を背負《せお》うことになります。家計《かけい》を支《ささ》えるために、花子《はなこ》は執筆活動《しっぴつかつどう》に専念《せんねん》し、大森《おおもり》の自宅《じたく》で小《ちい》さな出版社《しゅっぱんしゃ》を立《た》ち上《あ》げます。その矢先《やさき》、道雄《みちお》が5歳《さい》で病気《びょうき》のため急死《きゅうし》。悲《かな》しみにくれる花子《はなこ》ですが、日本《にほん》の子《こ》どもたちのためによい文学《ぶんがく》を届《とど》けようと自分《じぶん》を奮《ふる》い立《た》たせ、『王子《おうじ》と乞食《こじき》』を翻訳《ほんやく》、刊行《かんこう》。以後《いご》、翻訳《ほんやく》と創作《そうさく》に一層《いっそう》はげむことを決心《けっしん》します。

長男道雄《ちょうなんみちお》と。幸《しあわ》せだったころの写真《しゃしん》。

『王子《おうじ》と乞食《こじき》』の初版本《しょはんぽん》（平凡社《へいぼんしゃ》）。

伯爵家《はくしゃくけ》とは？

華族《かぞく》の階級《かいきゅう》の1つ。日本《にほん》では「公爵《こうしゃく》」「侯爵《こうしゃく》」「伯爵《はくしゃく》」「子爵《ししゃく》」「男爵《だんしゃく》」の5階級《かいきゅう》がありました。江戸時代《えどじだい》に公家《くげ》、大名《だいみょう》だった家《いえ》が華族《かぞく》とされ、5階級《かいきゅう》は1884年《ねん》の華族令《かぞくれい》によって設《もう》けられましたが、1947年日本国憲法施行《ねんにほんこくけんぽうしこう》によって廃止《はいし》されました。

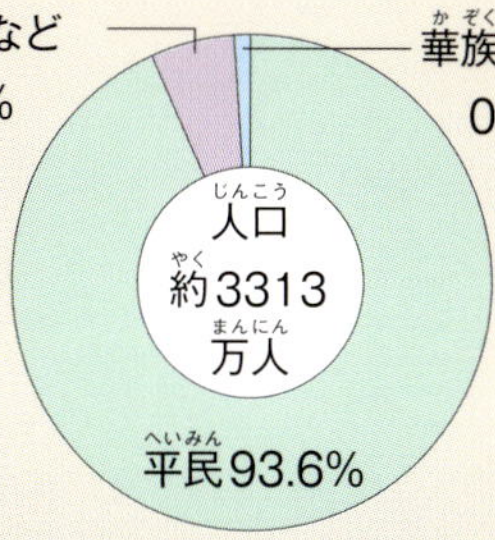

明治時代初期《めいじじだいしょき》の人口《じんこう》の割合《わりあい》。華族令《かぞくれい》が制定《せいてい》された時《とき》、およそ200万人《まんにん》が士族《しぞく》、華族《かぞく》だった。士族《しぞく》は江戸時代《えどじだい》の武士《ぶし》、平民《へいみん》は農民《のうみん》・町人《ちょうにん》のこと。

20代《だい》 教師《きょうし》をしながら創作活動《そうさくかつどう》、そして再《ふたた》び東京《とうきょう》へ

1913年《ねん》に卒業《そつぎょう》すると、故郷《こきょう》にもどり、姉妹校《しまいこう》の山梨英和女学校《やまなしえいわじょがっこう》に英語教師《えいごきょうし》として赴任《ふにん》、学校《がっこう》で教《おし》えながら人気雑誌《にんきざっし》『少女画報《しょうじょがほう》』に小説《しょうせつ》を寄稿《きこう》します。学校《がっこう》でも自作《じさく》の物語《ものがたり》を聞《き》かせ「もっとお話《はな》して」と生徒《せいと》にせがまれ、大人気《だいにんき》でした。1917年《ねん》に、初《はじ》めて翻訳短編集《ほんやくたんぺんしゅう》『爐邉《ろへん》』を出版《しゅっぱん》すると、東京《とうきょう》の出版社《しゅっぱんしゃ》から声《こえ》がかかります。教師《きょうし》をやめて再《ふたた》び上京《じょうきょう》し、女性《じょせい》や子《こ》ども向《む》けの本《ほん》の翻訳《ほんやく》と編集《へんしゅう》の仕事《しごと》につきます。そこで夫《おっと》となる村岡儆三《むらおかけいぞう》（福音《ふくいん》印刷社長《いんさつしゃちょう》）と出会《であ》います。

59歳《さい》 名作《めいさく》『赤毛《あかげ》のアン』誕生《たんじょう》

翻訳《ほんやく》や創作《そうさく》などを執筆《しっぴつ》する一方《いっぽう》、お話上手《はなしじょうず》な花子《はなこ》はラジオで「子供《こども》の新聞《しんぶん》」というコーナーを担当《たんとう》し、いそがしく働《はたら》きます。1939年《ねん》、カナダ人宣教師《じんせんきょうし》ミス・ショーよりからおくられた『Anne of Green Gables《アン オブ グリン ゲイブルス》』の翻訳《ほんやく》を始《はじ》めます。戦争中《せんそうちゅう》は「敵国《てきこく》の本《ほん》がある家《いえ》」と周囲《しゅうい》に反感《はんかん》をもたれ、また、空襲《くうしゅう》の恐怖《きょうふ》におびえるなか、「きっと平和《へいわ》な日《ひ》が訪《おとず》れる」と信《しん》じて、花子《はなこ》はその翻訳《ほんやく》を続《つづ》けました。タイトルは、20歳《さい》になる養女《ようじょ》のみどりがよいと言《い》った『赤毛《あかげ》のアン』に決定《けってい》。多《おお》くの少女《しょうじょ》に読《よ》みつがれ、今《いま》でも大人気《だいにんき》の物語《ものがたり》です。

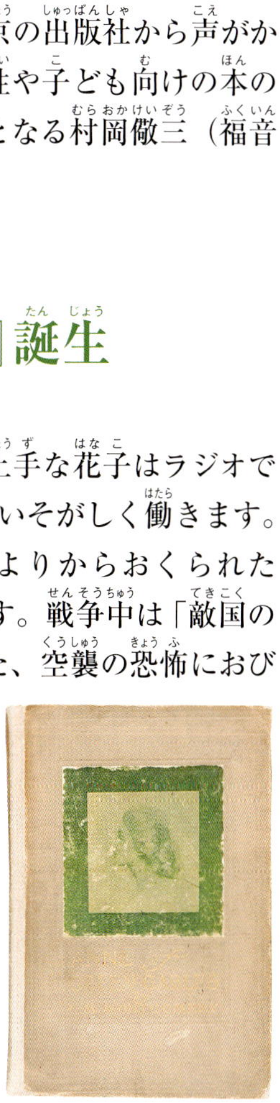
『赤毛《あかげ》のアン』原書《げんしょ》。
『Anne of Green Gables《アン オブ グリン ゲイブルス》』。

山《やま》崎《さき》豊《とよ》子《こ》

作家《さっか》　1924-2013年《ねん》／日本《にほん》(大阪出身《おおさかしゅっしん》)

新聞記者《しんぶんきしゃ》から小説家《しょうせつか》へ転身《てんしん》、圧倒的《あっとうてき》な取材力《しゅざいりょく》で社会問題《しゃかいもんだい》に切《き》りこんだ歴史《れきし》の証言者《しょうげんしゃ》

自宅《じたく》の仕事部屋《しごとべや》で執筆中《しっぴつちゅう》の豊子《とよこ》。1987年《ねん》撮影《さつえい》。

取材魔《しゅざいま》といわれるぐらい好《す》きなんですね、資料《しりょう》読《よ》んで、問題点《もんだいてん》つかまえて聞《き》いて、取材《しゅざい》して歩《ある》くことが。

(出典《しゅってん》：『山崎豊子自作《やまざきとよこじさく》を語《かた》る 2　大阪《おおさか》づくし 私《わたし》の産声《うぶごえ》』新潮社《しんちょうしゃ》)

新聞記者時代《しんぶんきしゃじだい》、取材《しゅざい》に定評《ていひょう》のあった豊子《とよこ》のあだ名《な》は、〝調査《ちょうさ》の山崎《やまさき》〟。作家《さっか》になってからも、『大地《だいち》の子《こ》』では中国《ちゅうごく》に３年間滞在《ねんかんたいざい》し、70代《だい》で執筆《しっぴつ》した『沈《しず》まぬ太陽《たいよう》』では４回《かい》アフリカを訪《おとず》れて調査《ちょうさ》しました。

書《か》くことが、生《い》きることだった

大阪毎日新聞《おおさかまいにちしんぶん》の記者《きしゃ》だった豊子《とよこ》は、上司《じょうし》だった井上靖《いのうえやすし》（後《のち》に作家《さっか》となる）のすすめもあり、小説《しょうせつ》『暖簾《のれん》』を書《か》き上《あ》げます。次作《じさく》の『花《はな》のれん』で直木賞《なおきしょう》を受賞《じゅしょう》し、作家《さっか》として独立《どくりつ》。医療界《いりょうかい》の矛盾《むじゅん》を追求《ついきゅう》した『白《しろ》い巨塔《きょとう》』を発表《はっぴょう》したころから、社会問題《しゃかいもんだい》を扱《あつか》う作品《さくひん》を書《か》くようになります。『不毛地帯《ふもうちたい》』『二《ふた》つの祖国《そこく》』『大地《だいち》の子《こ》』の戦争《せんそう》３部作《ぶさく》や、個人《こじん》を抑圧《よくあつ》する組織《そしき》に目《め》を向《む》けた『沈《しず》まぬ太陽《たいよう》』のような作品《さくひん》を生《う》みました。

アガサ・クリスティ

推理作家《すいりさっか》　1890-1976年《ねん》／イギリス

ユニークな名探偵《めいたんてい》が大活《だいかつ》やく、222もの作品《さくひん》を生《う》み出《だ》したミステリー小説《しょうせつ》の女王《じょおう》

旅行好《りょこうず》きで、その体験《たいけん》を作品《さくひん》にもりこんだ。

作家《さっか》は職人《しょくにん》なのだ。りっぱな、正直《しょうじき》な仕事《しごと》をする職人《しょくにん》である。

(出典《しゅってん》：『アガサ・クリスティ自伝《じでん》』乾信一郎《いぬいしんいちろう》 訳《やく》　早川書房《はやかわしょぼう》)

アガサは、人混《ひとご》みをきらい、騒音《そうおん》から逃《のが》れ、ラジオと映画《えいが》とレコードを拒否《きょひ》し、お酒《さけ》も飲《の》まず、たばこもすわないとちかい、自分《じぶん》に合《あ》わないものは徹底《てってい》してきらい、書《か》くことだけに集中《しゅうちゅう》しました。このような強《つよ》い精神力《せいしんりょく》で、職業人《しょくぎょうじん》として仕事《しごと》を成《な》しとげました。

史上最高《しじょうさいこう》のベストセラー作家《さっか》

アガサは、音楽家《おんがくか》を希望《きぼう》していましたが、12歳《さい》のころに詩《し》や短編小説《たんぺんしょうせつ》を書《か》き、母《はは》のすすめで新聞《しんぶん》や雑誌《ざっし》に投稿《とうこう》をしていました。1914年《ねん》24歳《さい》で結婚《けっこん》。その後《ご》第一次世界大戦《だいいちじせかいたいせん》で看護士《かんごし》として働《はたら》いたことが作品《さくひん》づくりに役立《やくだ》ちました。1920年《ねん》、長編推理小説《ちょうへんすいりしょうせつ》『スタイルズ荘《そう》の怪事件《かいじけん》』でデビュー。この小説《しょうせつ》には、後《のち》に人気《にんき》キャラクターとなる名探偵《めいたんてい》エルキュール・ポアロが登場《とうじょう》します。85歳《さい》までに長編小説《ちょうへんしょうせつ》66作《さく》、中短編小説《ちゅうたんぺんしょうせつ》156作《さく》、戯曲《ぎきょく》23作《さく》などを残《のこ》しました。トリックと物語《ものがたり》のおもしろさで読者《どくしゃ》を引《ひ》きこむ作品《さくひん》は、広《ひろ》く世界《せかい》で読《よ》まれています。

有吉佐和子《ありよしさわこ》

小説家《しょうせつか》・劇作家《げきさっか》・演出家《えんしゅつか》　1931-1984年《ねん》／日本《にほん》（和歌山出身《わかやましゅっしん》）

1作《さく》書《か》き上《あ》げてはたおれるほど作品《さくひん》に心血《しんけつ》を注《そそ》いで、書《か》き続《つづ》けた

『有田川《ありだがわ》』の資料《しりょう》を前《まえ》に、31歳《さい》のころの佐和子《さわこ》。

> 働《はたら》く女《おんな》は皆《みな》、赤《あか》い靴《くつ》をはいてるね

（出典《しゅってん》：有吉玉青《ありよしたまお》『身《み》がわり　母《はは》・有吉佐和子《ありよしさわこ》との日日《にちにち》』新潮社《しんちょうしゃ》）

娘《むすめ》で作家《さっか》の有吉玉青《ありよしたまお》さんは、映画《えいが》「赤《あか》い靴《くつ》」をいっしょに見《み》た時《とき》、佐和子《さわこ》がこうつぶやいたのを聞《き》きました。赤《あか》いトウシューズをはき、おどり続《つづ》けたバレリーナのように、佐和子《さわこ》は書《か》き続《つづ》けなければいられない作家《さっか》の宿命《しゅくめい》を感《かん》じていたのかもしれません。

いつの時代《じだい》も変《か》わらぬ人間《にんげん》の問題《もんだい》をテーマに

25歳《さい》で人気作家《にんきさっか》となった佐和子《さわこ》は、歴史《れきし》や古典芸能《こてんげいのう》、社会問題《しゃかいもんだい》まで幅広《はばひろ》い分野《ぶんや》の小説《しょうせつ》を発表《はっぴょう》しました。多《おお》くはベストセラーとなり、今《いま》も繰《く》り返《かえ》し演劇《えんげき》や映画《えいが》として上演《じょうえん》・上映《じょうえい》されています。取材《しゅざい》で各地《かくち》を飛《と》び回《まわ》り、海外《かいがい》留学《りゅうがく》をするなど精力的《せいりょくてき》に活動《かつどう》しますが、1つの作品《さくひん》を書《か》き上《あ》げると決《き》まってたおれるほど、精神的《せいしんてき》にも身体的《しんたいてき》にも作品《さくひん》に情熱《じょうねつ》を注《そそ》ぎました。そして佐和子《さわこ》は、今《いま》まで取《と》り上《あ》げられなかった題材《だいざい》を、女性《じょせい》の視点《してん》でうかび上《あ》がらせます。老人問題《ろうじんもんだい》、環境汚染《かんきょうおせん》の実態《じったい》に切《き》りこんだ『恍惚《こうこつ》の人《ひと》』『複合汚染《ふくごうおせん》』を発表《はっぴょう》。いずれも時代《じだい》を先取《さきど》りしたテーマで、大《おお》きな話題《わだい》となりました。

白洲正子《しらすまさこ》

随筆家《ずいひつか》　1910-1998年《ねん》／日本《にほん》（東京出身《とうきょうしゅっしん》）

伯爵家《はくしゃくけ》に生《う》まれながら、韋駄天《いだてん》のお正《まさ》、人生《じんせい》をかけて日本《にほん》の美《び》を求《もと》めた随筆家《ずいひつか》

晩年《ばんねん》の正子《まさこ》。いつもおしゃれで、頭《あたま》にスカーフを巻《ま》くスタイルがお気《き》に入《い》りだった。

> 好《す》きなことを、何《なん》でもいいから一《ひと》つ、
> 井戸《いど》を掘《ほ》るつもりで、とことんやるといいよ。

（出典《しゅってん》：『かくれ里《ざと》』新潮社《しんちょうしゃ》）

骨《こっ》とうの世界《せかい》に深《ふか》く入《はい》りこんだ正子《まさこ》は、花《はな》の生《い》け方《かた》から料理《りょうり》の盛《も》りつけ、物《もの》の形《かたち》や前衛芸術《ぜんえいげいじゅつ》など、骨《こっ》とうをとおして多《おお》くのことを学《まな》びました。好《す》きなことをとことん極《きわ》めることは、自己発見《じこはっけん》につながると気《き》づいたのです。

確《たし》かな美《び》を求《もと》め続《つづ》けた人生《じんせい》

正子《まさこ》は、伯爵家《はくしゃくけ》に生《う》まれました。4歳《さい》のころ、能《のう》の世界《せかい》に魅力《みりょく》を感《かん》じてけいこを始《はじ》め、後《のち》に女人禁制《にょにんきんせい》であった能舞台《のうぶたい》に立《た》ちます。14歳《さい》でアメリカに留学《りゅうがく》、19歳《さい》の時《とき》、後《のち》に吉田茂《よしだしげる》（政治家《せいじか》）の側近《そっきん》として活《かつ》やくする白洲次郎《しらすじろう》と結婚《けっこん》します。1946年《ねん》、骨《こっ》とうにくわしい評論家《ひょうろんか》の小林秀雄《こばやしひでお》や青山二郎《あおやまじろう》と知《し》り合《あ》ったことで、正子《まさこ》の第二《だいに》の人生《じんせい》が始《はじ》まりました。好奇心旺盛《こうきしんおうせい》で、決《き》めたらつっ走《ぱし》る正子《まさこ》は、かれらから「韋駄天《いだてん》*のお正《まさ》」とよばれます。骨《こっ》とう品《ひん》や仏像《ぶつぞう》などをとおして美《び》を見極《みきわ》め、随筆《ずいひつ》を書《か》くことに専念《せんねん》します。確《たし》かな美《び》を発掘《はっくつ》する眼《め》は、現代《げんだい》の工芸作家《こうげいさっか》にも注《そそ》がれ、その育成《いくせい》も行《おこな》いました。

*すごい速《はや》さでかけぬける神《かみ》の意味《いみ》で、足《あし》の速《はや》い人《ひと》をたとえていう。

大《おお》橋《はし》鎮《しず》子《こ》

編集者《へんしゅうしゃ》・エッセイスト　1920-2013年《ねん》／日本《にほん》(東京出身《とうきょうしゅっしん》)

生活《せいかつ》を豊《ゆた》かにするアイデアを集《あつ》めた ロングセラー雑誌《ざっし》『暮《くら》しの手帖《てちょう》』の名編集者《めいへんしゅうしゃ》

物事《ものごと》は、
これって思《おも》ったときに
パッとやらなきゃダメよ、
私《わたし》なら今日《きょう》会《あ》いに行《い》くわ

(出典《しゅってん》：『「暮《くら》しの手帖《てちょう》」とわたし』暮《くら》しの手帖社《てちょうしゃ》)

約《やく》70年続《ねんつづ》いている人気雑誌《にんきざっし》『暮《くら》しの手帖《てちょう》』を支《ささ》えたのは、鎮子《しずこ》ら編集者《へんしゅうしゃ》の行動力《こうどうりょく》でした。小《ちい》さな出版社《しゅっぱんしゃ》であったにもかかわらず、川端康成《かわばたやすなり》や志賀直哉《しがなおや》といった高名《こうめい》な作家《さっか》の記事《きじ》を載《の》せることができたのは、作家《さっか》のもとに何度《なんど》でも通《かよ》い、説得《せっとく》を続《つづ》けた努力《どりょく》があったからです。

戦後《せんご》の日本《にほん》の暮《く》らしをよりよくするために

戦後《せんご》の日本《にほん》を代表《だいひょう》する雑誌《ざっし》となった『暮《くら》しの手帖《てちょう》』、その生《う》みの親《おや》が鎮子《しずこ》です。敗戦後《はいせんご》、鎮子《しずこ》は、会社《かいしゃ》をおこしてお金《かね》を得《え》ようと決心《けっしん》。それは10歳《さい》で父《ちち》を亡《な》くし、家族《かぞく》を養《やしな》わなければならなかった、長女《ちょうじょ》としての責任《せきにん》感《かん》からでした。

鎮子《しずこ》は「私《わたし》の知《し》らないことや、知《し》りたいことを調《しら》べて女《おんな》の人《ひと》たちに知《し》らせる仕事《しごと》をしよう」と決めました。そして元《もと》の上司《じょうし》にしょうかいされた、出版《しゅっぱん》にくわしい花《はな》森安治《もりやすじ》を編集長《へんしゅうちょう》とし、『暮《くら》しの手帖《てちょう》』が始《はじ》まりました。

『暮《くら》しの手帖《てちょう》』は、東久邇成子《ひがしくにしげこ》(昭和天皇《しょうわてんのう》の第一皇女《だいいちこうじょ》)の「やりくりの記《き》」が掲載《けいさい》された第《だい》5号《ごう》から売《う》れ始《はじ》めました。

多《おお》くの雑誌《ざっし》が企業広告《きぎょうこうこく》を掲載《けいさい》して、収入《しゅうにゅう》を得《え》るなか、『暮《くら》しの手帖《てちょう》』は、家庭雑貨《かていざっか》や電化製品《でんかせいひん》の性能《せいのう》や使《つか》い勝《がっ》手《て》を調《しら》べる「商品《しょうひん》テスト」記事《きじ》を掲載《けいさい》するためにも、企《き》業《ぎょう》の広告《こうこく》は載《の》せません。ほかにも「キッチンの研究《けんきゅう》」「診察室《しんさつしつ》での会話《かいわ》」など生活《せいかつ》に必要《ひつよう》な知恵《ちえ》を掲載《けいさい》し、ヒット企画《きかく》をいくつも生《う》み出《だ》します。鎮子《しずこ》と花森《はなもり》が築《きず》いた誠実《せいじつ》で公平《こうへい》な編集方針《へんしゅうほうしん》は、多《おお》くの読者《どくしゃ》から支持《しじ》を受《う》け、今《いま》もなお引《ひ》きつがれています。

創刊号《そうかんごう》を発刊《はっかん》したころ。いそがしくも生《い》き生《い》きと仕事《しごと》にはげんだ。

1948年《ねん》9月《がつ》に創刊《そうかん》になった、『美《うつく》しい暮《くら》しの手帖《てちょう》』第《だい》1号《ごう》(後《のち》に『暮《くら》しの手帖《てちょう》』と誌名変更《しめいへんこう》)。1946年《ねん》に発刊《はっかん》された『スタイルブック』は、その前身《ぜんしん》となる。

鎮子《しずこ》の著書《ちょしょ》『「暮《くら》しの手帖《てちょう》」とわたし』。鎮子《しずこ》が90歳《さい》をむかえた年《とし》に発刊《はっかん》。生《お》いたちから、暮《くら》しの手帖社《てちょうしゃ》の思《おも》い出《で》をまとめた自伝《じでん》。カバーは、初代編《しょだいへん》集長《しゅうちょう》の花森安治《はなもりやすじ》のイラスト。

茨木《いばら き》のり子《こ》

詩人《しじん》 ●1926-2006年《ねん》／日本《にほん》（愛知出身《あいちしゅっしん》）

**時代《じだい》に流《なが》されることをきらい、
自分《じぶん》の頭《あたま》で考《かんが》えることを追《お》い続《つづ》けた詩人《しじん》**

50代《だい》ののり子《こ》。本名《ほんみょう》は三浦《みうら》のり子《こ》。茨木《いばらき》はペンネームで、ラジオから流《なが》れてきた謡曲《ようきょく》「茨木《いばらき》」からつけた。

**自分《じぶん》の感受性《かんじゅせい》くらい
自分《じぶん》で守《まも》れ　ばかものよ**

（出典《しゅってん》：「自分《じぶん》の感受性《かんじゅせい》くらい」）

のり子《こ》が1977年《ねん》に発表《はっぴょう》した「自分《じぶん》の感受性《かんじゅせい》くらい」という詩《し》の最後《さいご》の連《れん》の言葉《ことば》です。戦争中《せんそうちゅう》に少女《しょうじょ》だったのり子《こ》は、戦争《せんそう》に疑問《ぎもん》をいだきながら、その考《かんが》えを押《お》しこめてしまったことを後悔《こうかい》し続《つづ》けました。

社会《しゃかい》と自分《じぶん》を見《み》つめ、主張《しゅちょう》を詩《し》にたくす

医師《いし》の父《ちち》をもつのり子《こ》は、愛知県《あいちけん》の高校《こうこう》を卒業《そつぎょう》すると、東京《とうきょう》の帝国女子《ていこくじょし》医学薬学専門学校《いがくやくがくせんもんがっこう》へ進学《しんがく》します。時代《じだい》はまさに戦争一色《せんそういっしょく》。大学《だいがく》はくり上《あ》げ卒業《そつぎょう》となりました。その後《ご》、シェークスピアの喜劇《きげき》を鑑賞《かんしょう》したことがきっかけで、戯曲《ぎきょく》を書《か》き、童話《どうわ》、ラジオの脚本《きゃくほん》なども手《て》がけます。しかしセリフの言葉《ことば》に物足《ものた》りなさを感《かん》じ、詩《し》の世界《せかい》に入《はい》ります。

19歳《さい》の時《とき》に終戦《しゅうせん》をむかえたのり子《こ》は、戦後《せんご》の社会《しゃかい》と自分《じぶん》を見《み》つめ続《つづ》け、自分《じぶん》の思《おも》いを詩《し》にたくしました。代表作《だいひょうさく》に「わたしが一番《いちばん》きれいだったとき」「倚《よ》りかからず」など、強《つよ》い意志《いし》を感《かん》じさせる作品《さくひん》があります。

向田《むこうだ》邦子《くにこ》

脚本家《きゃくほんか》・作家《さっか》 ●1929-1981年《ねん》／日本《にほん》（東京出身《とうきょうしゅっしん》）

**家族《かぞく》の姿《すがた》、人間《にんげん》のかなしさ、おかしさを
脚本《きゃくほん》、小説《しょうせつ》、エッセーでえがききった**

1980年《ねん》5月《がつ》、愛猫《あいびょう》・マミオをだいてインタビューに答《こた》える邦子《くにこ》。

**二十二歳《にじゅうにさい》のあの晩《ばん》、かりそめに妥協《だきょう》していたら、やはり
その私《わたし》は自分《じぶん》の生《い》き方《かた》に不平不満《ふへいふまん》をもったのではないか**

（出典《しゅってん》：『夜中《よなか》の薔薇《ばら》』「手袋《てぶくろ》をさがす」講談社《こうだんしゃ》）

気《き》に入《い》った手袋《てぶくろ》が見《み》つからず、手袋《てぶくろ》なしでひと冬《ふゆ》をすごす話《はなし》が、エッセー「手袋《てぶくろ》をさがす」に書《か》かれています。そこで邦子《くにこ》は、ないものねだりの高《たか》のぞみという自分《じぶん》の性格《せいかく》に気《き》づきました。それは妥協《だきょう》しない性格《せいかく》と言《い》いかえることができます。

リアルな人間像《にんげんぞう》が多《おお》くの人《ひと》の共感《きょうかん》をよんだ

邦子《くにこ》が20代《だい》を過《す》ごした1950年代《ねんだい》は、結婚《けっこん》をせずに働《はたら》き続《つづ》ける女性《じょせい》はごく少数《しょうすう》でした。邦子《くにこ》は会社社長《かいしゃしゃちょう》の秘書《ひしょ》を経《へ》て、雑誌社《ざっししゃ》の記者《きしゃ》へ。20代《だい》の終《お》わりにラジオやテレビの脚本《きゃくほん》を書《か》くようになり、才能《さいのう》の花《はな》を開《ひら》かせます。テレビドラマ「七人《しちにん》の孫《まご》」で、人気脚本家《にんききゃくほんか》の地位《ちい》を不動《ふどう》のものとしていきます。その後《ご》、随筆《ずいひつ》や小説《しょうせつ》を書《か》き、51歳《さい》で直木賞《なおきしょう》を受賞《じゅしょう》しますが、飛行機事故《ひこうきじこ》でその生《しょう》がいを閉《と》じます。なにげないせりふにも人《ひと》の内面《ないめん》がえがかれ、代表《だいひょう》作《さく》に『父《ちち》の詫《わ》び状《じょう》』『阿修羅《あしゅら》のごとく』「寺内貫太郎一家《てらうちかんたろういっか》」などがあります。

樋《ひ》口《ぐち》一《いち》葉《よう》

歌人《かじん》・小説家《しょうせつか》 ●1872-1896年《ねん》／日本《にほん》（東京出身《とうきょうしゅっしん》）

17歳《さい》で一家《いっか》の長《ちょう》に。小説《しょうせつ》で家計《かけい》を支《ささ》え
24年間《ねんかん》の生《しょう》がいで近代文学史《きんだいぶんがくし》にかがやく名作《めいさく》を残《のこ》した

1895年《ねん》、23歳《さい》の時《とき》の一葉《いちよう》。

> 自然《しぜん》の微妙《びみょう》な姿《すがた》や人事《じんじ》の様々《さまざま》の姿《すがた》を文章《ぶんしょう》に書《か》き表《あらわ》したいものです。

（出典《しゅってん》：高橋和彦《たかはしかずひこ》『完全現代語訳《かんぜんげんだいごやく》 樋口一葉日記《ひぐちいちようにっき》』アドレエー）

一葉《いちよう》は、貧《まず》しさのなかで働《はたら》く女性《じょせい》たちの苦《くる》しみ、悲《かな》しみを間近《まぢか》で見知《みし》り、書《か》くべきことを見《み》つけました。人々《ひとびと》の現実《げんじつ》の生活《せいかつ》をありありとえがいた一《いち》葉《よう》の小説《しょうせつ》は、日本《にほん》の近代文学《きんだいぶんがく》に残《のこ》る作品《さくひん》となりました。

1年半《ねんはん》で名作《めいさく》を書《か》き残《のこ》す

幼《おさな》いころからかしこく、文学好《ぶんがくず》きだった一葉《いちよう》は、同《おな》じ和歌《わか》の塾《じゅく》に通《かよ》う友人《ゆうじん》が小説《しょうせつ》で収入《しゅうにゅう》を得《え》たことを知《し》り、自《みずか》らも小説家《しょうせつか》を志《こころざ》します。父親《ちちおや》が亡《な》くなり、母《はは》と妹《いもうと》を養《やしな》う責任《せきにん》が一葉《いちよう》にあったからです。暮《く》らしは貧《まず》しさを極《きわ》め、雑貨屋《ざっかや》を営《いとな》みながら、飲食店街《いんしょくてんがい》で働《はたら》く女性《じょせい》たちの手紙《てがみ》の代筆《だいひつ》も引《ひ》き受《う》けました。貧《まず》しくてもけんめいに生《い》きる人々《ひとびと》とふれあうことで、それまでとはまったくちがう小説《しょうせつ》が生《う》まれたのです。22歳《さい》から1年半《ねんはん》の間《あいだ》に『大《おお》つもごり』『たけくらべ』『にごりえ』『十三夜《じゅうさんや》』などの名作《めいさく》を残《のこ》しますが、それでも生活《せいかつ》はきびしく、つねに一葉《いちよう》は金策《きんさく》に走《はし》りました。結核《けっかく》が発病《はつびょう》しても病身《びょうしん》をおして執筆《しっぴつ》にはげみ、24歳《さい》で、その短《みじか》い人生《じんせい》を終《お》えました。

与《よ》謝《さ》野《の》晶《あき》子《こ》

歌人《かじん》・詩人《しじん》 ●1878-1942年《ねん》／日本《にほん》（大阪出身《おおさかしゅっしん》）

力強《ちからづよ》く生《い》き抜《ぬ》いた近代短歌《きんだいたんか》の革命家《かくめいか》
男女共学《だんじょきょうがく》の学校設立《がっこうせつりつ》にも力《ちから》をつくす

婦人問題《ふじんもんだい》、教育問題《きょういくもんだい》にも熱心《ねっしん》に取《と》り組《く》んだ。

> 危難《きなん》の試練《しれん》の下《もと》には強《つよ》くなり賢《かしこ》くなる。

（出典《しゅってん》：『鉄幹晶子全集第22巻《てっかんあきこぜんしゅうだいかん》』「砂《すな》に書《か》く」勉誠出版《べんせいしゅっぱん》）

関東大震災《かんとうだいしんさい》により、晶子《あきこ》が長年《ながねん》かけてコツコツと書《か》いた『源氏物語《げんじものがたり》』の現《げん》代語訳《だいごやく》の原稿数千枚《げんこうすうせんまい》が焼《や》けてしまいました。一度《いちど》はあきらめますが、15年後《ねんご》の1938年《ねん》に、『新訳源氏物語《しんやくげんじものがたり》』全巻《ぜんかん》を完成《かんせい》させました。晶子《あきこ》は作品《さくひん》を通《とお》して、立《た》ち上《あ》がる意志《いし》の強《つよ》さを証明《しょうめい》したのです。

あきらめない気持《きも》ちをもち続《つづ》ける

歌集《かしゅう》『みだれ髪《がみ》』で脚光《きゃっこう》を浴《あ》びた晶子《あきこ》は、歌人《かじん》の与謝野鉄幹《よさのてっかん》と結婚《けっこん》し、11人《にん》の子《こ》どもを育《そだ》てました。子育《こそだ》てや家事《かじ》、苦《くる》しい家計《かけい》のやりくりをしながら、4万首《まんしゅ》もの短歌《たんか》を残《のこ》しています。美《うつく》しい言葉《ことば》のなかに感情《かんじょう》の深《ふか》みを表《あらわ》した晶子《あきこ》の短歌《たんか》は、近代《きんだい》の女性歌人《じょせいかじん》の原点《げんてん》といわれています。

さらに、『源氏物語《げんじものがたり》』の現代語訳《げんだいごやく》、女性《じょせい》の生《い》き方《かた》を問《と》う評論《ひょうろん》や童話《どうわ》も書《か》き、日本《にほん》で初《はつ》の男女共学《だんじょきょうがく》の学校《がっこう》「文化学院《ぶんかがくいん》」の創立《そうりつ》にも参加《さんか》しました。晶子《あきこ》はいそがしさに負《ま》けず、意志《いし》の強《つよ》さで、進《すす》む道《みち》を切《き》りひらいてきたのです。

ブロンテ姉妹《しまい》

小説家《しょうせつか》　●シャーロット 1816-1855年《ねん》　エミリー 1818-1848年《ねん》
アン 1820-1849年《ねん》／イギリス

短《みじか》い人生《じんせい》の間《あいだ》に、
文学《ぶんがく》に新《あたら》しい風《かぜ》をふきこんだ３姉妹《しまい》

左《ひだり》からアン、エミリー、シャーロット。

「人《ひと》に恨《うら》みを抱《いだ》いたり、まちがった仕打《しう》ちを、
いつまでも忘《わす》れずにすごすにしては、
この人生《じんせい》はあまりにも短《みじか》すぎる気《き》がするのよ。」

（出典《しゅってん》：シャーロット『ジェーン・エア』大久保康男《おおくぼやすお》 訳《やく》　新潮社《しんちょうしゃ》）

シャーロットの書《か》いた小説《しょうせつ》の主人公《しゅじんこう》のジェーン・エアは、孤児《こじ》で貧《まず》しく、男性主体《だんせいしゅたい》の社会《しゃかい》に強《つよ》い不満《ふまん》をいだいていました。それまでにない新《あたら》しい女性像《じょせいぞう》がえがかれ、画期的《かっきてき》な小説《しょうせつ》として大《おお》きな話題《わだい》になりました。

男性《だんせい》の名前《なまえ》をかたって作品《さくひん》を出版《しゅっぱん》

牧師《ぼくし》の父《ちち》をもち、子《こ》ども時代《じだい》は閉《と》ざされた環境《かんきょう》で育《そだ》ったブロンテ姉妹《しまい》は、そろって空想好《くうそうず》き。物語《ものがたり》の世界《せかい》で遊《あそ》んでいました。女性《じょせい》がつける職業《しょくぎょう》はゆいいつ教師《きょうし》くらいしかなかった時代《じだい》で、私塾《しじゅく》を開《ひら》きますが失敗《しっぱい》。３人《にん》はそれぞれ幼《おさな》いころから書《か》いていた作品《さくひん》を発表《はっぴょう》することにします。当時《とうじ》のイギリスは、女性《じょせい》が働《はたら》くことや小説《しょうせつ》を書《か》くことにへん見《けん》があり、姉妹《しまい》は、最初《さいしょ》は男性《だんせい》の名前《なまえ》で本《ほん》を出版《しゅっぱん》していました。その後《ご》、女性《じょせい》が書《か》いたことが知《し》れると『ジェーン・エア』（シャーロット作《さく》）は、いっそう話題《わだい》となり、『嵐《あらし》が丘《おか》』（エミリー作《さく》）は、エミリーの死後《しご》、人間《にんげん》の愛憎《あいぞう》を追求《ついきゅう》した作品《さくひん》としてシェイクスピアと並《なら》ぶほど高《たか》く評価《ひょうか》されます。アンも死後《しご》にその才能《さいのう》が認《みと》められ、著作《ちょさく》が出版《しゅっぱん》されました。

紫式部《むらさきしきぶ》

作家《さっか》　●978？-1014年《ねん》ごろ／日本《にほん》

約《やく》1000年前《ねんまえ》の平安時代《へいあんじだい》の中期《ちゅうき》、紫式部《むらさきしきぶ》は貴族《きぞく》で漢学者《かんがくしゃ》の家《いえ》に生《う》まれました。父《ちち》が兄《あに》のために漢文《かんぶん》の講義《こうぎ》をするのをそばで聞《き》いて覚《おぼ》え、和歌《わか》の本《ほん》や物語《ものがたり》を手《て》あたりしだいに読《よ》む少女《しょうじょ》でした。紫式部《むらさきしきぶ》は、一条天皇《いちじょうてんのう》のきさき、彰子《しょうし》に仕《つか》えたころに『源氏物語《げんじものがたり》』を書《か》いたといわれています。『源氏物語《げんじものがたり》』は54帖《じょう》からなる長編小説《ちょうへんしょうせつ》で、内容《ないよう》は光源氏《ひかるげんじ》とその子《こ》、薫《かおる》の君《きみ》を主人公《しゅじんこう》とし、宮廷貴族《きゅうていきぞく》の生活《せいかつ》がくわしくえがかれています。現在《げんざい》でも読《よ》まれ、ドラマや演劇《えんげき》、漫画《まんが》の原作《げんさく》になったり、多《おお》くの作家《さっか》によって現代語訳《げんだいごやく》されたりしています。

清少納言《せいしょうなごん》

歌人《かじん》・随筆家《ずいひつか》　●966？-1021～28年《ねん》ごろ／日本《にほん》

清少納言《せいしょうなごん》は紫式部《むらさきしきぶ》と同《おな》じ平安時代《へいあんじだい》の中期《ちゅうき》に、祖父《そふ》も父《ちち》も名高《なだか》い歌人《かじん》という家《いえ》に生《う》まれました。豊《ゆた》かな教養《きょうよう》が認《みと》められて、一条天皇《いちじょうてんのう》のきさき、藤原定子《ふじわらのていし》に仕《つか》え、信頼《しんらい》されました。定子《ていし》から、当時貴重《とうじきちょう》だった紙《かみ》をあたえられたのがきっかけで『枕草子《まくらのそうし》』を書《か》きます。宮中《きゅうちゅう》での人々《ひとびと》の暮《く》らしや四季折々《しきおりおり》の自然《しぜん》などをつづった日本初《にほんはつ》の随筆文学《ずいひつぶんがく》です。ひらがなと漢字《かんじ》を使《つか》いこなし、鋭《するど》い観察力《かんさつりょく》と独特《どくとく》の感性《かんせい》で共感《きょうかん》をよび、今《いま》でも読《よ》みつがれています。

ヴァージニア・ウルフ

小説家《しょうせつか》・批評家《ひひょうか》　●1882-1941年《ねん》／イギリス

ヴァージニアは、再婚《さいこん》どうしの両親《りょうしん》、７人《にん》の異父母《いふぼ》きょうだいという、複雑《ふくざつ》な家庭《かてい》に育《そだ》ちました。13歳《さい》で母《はは》を亡《な》くし、続《つづ》けて父《ちち》、姉《あね》、兄《あに》の死《し》に直面《ちょくめん》します。心《こころ》のなやみをかかえますが、書《か》くことで苦《くる》しみは和《やわ》らぎ、喜《よろこ》びが増《ま》すことを知《し》り、作家《さっか》を志《こころざ》します。その文体《ぶんたい》は、事実《じじつ》を空想《くうそう》に結《むす》びつけて人間《にんげん》の心《こころ》の深《ぶか》い部分《ぶぶん》を探《さぐ》るという、独特《どくとく》のものです。また、ヴァージニアは、評論《ひょうろん》を多数書《たすうか》いており、女性《じょせい》が自由《じゆう》に表現《ひょうげん》するためには、経済的《けいざいてき》、精神的《せいしんてき》な自立《じりつ》が大切《たいせつ》だと主張《しゅちょう》します。女性《じょせい》の自立《じりつ》に必要《ひつよう》なものは「年《ねん》に五百《ごひゃく》ポンドの収入《しゅうにゅう》と自分《じぶん》だけの部屋《へや》」と語《かた》る『自分《じぶん》だけの部屋《へや》』などは、女性文学《じょせいぶんがく》と女性運動《じょせいうんどう》の出発点《しゅっぱつてん》となりました。

長谷川町子《はせがわまちこ》

漫画家《まんがか》　1920-1992年《ねん》／日本《にほん》(佐賀出身《さがしゅっしん》)

おっちょこちょいで明《あか》るい『サザエさん』に、日本人《にほんじん》の生活《せいかつ》、文化《ぶんか》、社会情勢《しゃかいじょうせい》をえがいた

サザエさんを描《か》く町子《まちこ》。

©長谷川町子美術館

なるべく明《あか》るいものをと思《おも》ってサザエさんを描《か》いているんです。

(出典《しゅってん》：『週刊朝日《しゅうかんあさひ》』昭和《しょうわ》25年《ねん》5月《がつ》28日号《にちごう》　浦松佐美太郎氏《うらまつさみたろうし》との対談《たいだん》)

1950年当時《ねんとうじ》の世《よ》の中《なか》の情勢《じょうせい》を聞《き》かれて、「暗《くら》いことが多《おお》いでしょう」と答《こた》えた後《あと》に続《つづ》けた言葉《ことば》です。「小市民《しょうしみん》の家庭《かてい》とその時代《じだい》をえがきたい」と言《い》った町子《まちこ》は、社会的《しゃかいてき》な風刺《ふうし》よりも日常《にちじょう》を明《あか》るくする笑《わら》いを取《と》り上《あ》げてえがきました。

©長谷川町子美術館

サザエさん一家《いっか》。
志賀直哉《しがなおや》の小説《しょうせつ》『赤西蠣太《あかにしかきた》』の主人公《しゅじんこう》の名《な》が「小江《さざえ》」であったこと、また福岡《ふくおか》にいた時《とき》、家《いえ》が海岸《かいがん》に近《ちか》かったため、町子《まちこ》は登場人物《とうじょうじんぶつ》は海《うみ》にちなんだ名前《なまえ》にしようと思《おも》いたった。

ささやかな日常《にちじょう》の大切《たいせつ》さをだれよりも知《し》っていた人《ひと》

大家族《だいかぞく》がにぎやかに暮《く》らす人気漫画《にんきまんが》『サザエさん』を描《か》いた町子《まちこ》は、戦後《せんご》まもなく移《うつ》り住《す》んだ東京《とうきょう》・世田谷《せたがや》の一軒家《いっけんや》で、母《はは》と姉《あね》、妹《いもうと》、それに2人《ふたり》の姪《めい》といっしょに女《おんな》だけのにぎやかな生活《せいかつ》を送《おく》っていました。

連載《れんさい》をいくつもかかえる売《う》れっ子漫画家《こまんがか》でありながら仕事上《しごとじょう》のつき合《あ》いはほとんどせず、描《か》くことのほかは、家庭菜園《かていさいえん》と動物《どうぶつ》を愛《あい》し、夕飯後《ゆうはんご》の家族《かぞく》との団《だん》らんを楽《たの》しみ、旅行《りょこう》を趣味《しゅみ》に世界中《せかいじゅう》を訪《たず》ね歩《ある》きました。

楽《たの》しい漫画《まんが》で日本中《にほんじゅう》に笑《わら》いを提供《ていきょう》した町子《まちこ》ですが、アイデアが出《で》ないストレスから胃《い》をわずらったり、仕事《しごと》への迷《まよ》いが生《しょう》じたりで休載《きゅうさい》したことが何度《なんど》もありました。そのたびに漫画道具《まんがどうぐ》を燃《も》やして粘土細工《ねんどざいく》などの趣味《しゅみ》にうちこみます。しかし、しばらくすると描《か》きたい気持《きも》ちが再燃《さいねん》し、連載《れんさい》が復活《ふっかつ》するのでした。

サザエさんは明《あか》るくて曲《ま》がったことが大《だい》きらいな性格《せいかく》にえがかれ、むやみにいばったり、ずるいことをしようとしたりする人《ひと》には、正面《しょうめん》から立《た》ち向《む》かいます。町子自身《まちこじしん》もいばる人《ひと》が大《だい》きらいだったことが、そこからうかがえます。

14歳《さい》 上京《じょうきょう》し、『のらくろ』作者《さくしゃ》に弟子入《でしい》り

町子《まちこ》は幼《おさな》いころ、福岡《ふくおか》で過《す》ごします。13歳《さい》の時《とき》、父《ちち》が亡《な》くなると、「娘《むすめ》たちの教育《きょういく》のため」という母《はは》の考《かんが》えで上京《じょうきょう》。もともと絵《え》がうまく、漫画《まんが》に興味《きょうみ》をもち始《はじ》めた町子《まちこ》は「田河水泡《たがわすいほう》の弟子《でし》になりたい」と思《おも》いたちます。早速《さっそく》、当時《とうじ》の人気漫画《にんきまんが》『のらくろ』作者《さくしゃ》の田河《たがわ》の家《いえ》を訪問《ほうもん》、弟子入《でしい》りに成功《せいこう》します。めんどうみのよい田河《たがわ》に編集者《へんしゅうしゃ》をしょうかいされ、1935年《ねん》、15歳《さい》で『少女倶楽部《しょうじょくらぶ》』に「狸《たぬき》の面《めん》」でデビューしました。

町子《まちこ》の師匠《ししょう》は「のらくろ」の生《う》みの親《おや》

田河水泡《たがわすいほう》
(1888-1977年《ねん》)

町子《まちこ》の師匠《ししょう》となった田河水泡《たがわすいほう》。少《しょう》年雑誌《ねんざっし》『少年倶楽部《しょうねんくらぶ》』に、1931年《ねん》からイヌの兵隊《へいたい》「のらくろ」の活《かつ》やくをえがいた連載《れんさい》を始《はじ》め大人気《だいにんき》に。この連載《れんさい》は10年続《ねんつづ》きました。本名《ほんみょう》は高見澤仲太郎《たかみざわなかたろう》。田河《たがわ》が女性《じょせい》を弟子《でし》にしたのは町子《まちこ》だけでした。

26歳《さい》 『サザエさん』新聞連載《しんぶんれんさい》スタート

1944年《ねん》、戦争《せんそう》が激《はげ》しくなり、一家《いっか》は福岡《ふくおか》へ疎開《そかい》。終戦後《しゅうせんご》、福岡《ふくおか》の地方紙《ちほうし》『夕刊《ゆうかん》フクニチ』から連載《れんさい》の依頼《いらい》を受《う》け、『サザエさん』が始《はじ》まります。その後《ご》、連載終了《れんさいしゅうりょう》、再開《さいかい》などをくり返《かえ》しながら、最終的《さいしゅうてき》には朝日新聞朝刊《あさひしんぶんちょうかん》で1974年《ねん》まで28年間連載《ねんかんれんさい》されました。『いじわるばあさん』など、ほかの雑誌《ざっし》の連載《れんさい》もあり、いそがしい日々《ひび》でした。

いまひとつだった1巻《かん》の売《う》れゆき

自費出版《じひしゅっぱん》で出《だ》した1巻《かん》は、実《じつ》は売《う》れゆきがさっぱり。本《ほん》のサイズをB5《ビー》判《はん》の横《よこ》とじとしたため、書店《しょてん》のたなにおさまらずに返品《へんぴん》されてしまいます。2巻目《かんめ》は文庫《ぶんこ》サイズのB6《ビー》判《ばん》に変更《へんこう》。こちらはよく売《う》れ、不評《ふひょう》だった1巻《かん》もつられて売《う》れ、在庫《ざいこ》がなくなってしまったほどの人気《にんき》でした。

©長谷川町子美術館

姉妹社《しまいしゃ》を立《た》ち上《あ》げ、1947年《ねん》に発刊《はっかん》した『サザエさん』1巻《かん》。

49歳《さい》 『サザエさん』アニメ化《か》、現在《げんざい》も続《つづ》く人気番組《にんきばんぐみ》に

1969年《ねん》、フジテレビで『サザエさん』のテレビアニメの放映《ほうえい》が始《はじ》まり、日曜夕方《にちようゆうがた》のお茶《ちゃ》の間《ま》を楽《たの》しませる国民的長寿番組《こくみんてきちょうじゅばんぐみ》（現在《げんざい》も放映中《ほうえいちゅう》）になりました。町子自身《まちこじしん》は、「照《て》れくさくてほとんど見《み》ない」と語《かた》っていたそうです。『サザエさん』はテレビドラマ化《か》や映画《えいが》化《か》もされ、執筆《しっぴつ》の舞台裏《ぶたいうら》をえがいた『サザエさんうちあけ話《ばなし》』は、『マー姉《ねえ》ちゃん』のタイトルでNHK《エヌエイチケー》テレビの朝《あさ》の連続《れんぞく》ドラマとして1979年《ねん》に放映《ほうえい》され、こちらも大人気《だいにんき》となりました。

町子《まちこ》の名前《なまえ》が入《はい》った国民栄誉賞《こくみんえいよしょう》の盾《たて》。

72歳《さい》 漫画家初《まんがかはつ》の国民栄誉賞受賞《こくみんえいよしょうじゅしょう》

1991年《ねん》、日本漫画家協会賞文部大臣賞《にほんまんがかきょうかいしょうもんぶだいじんしょう》を手塚治虫《てづかおさむ》についで2人目《ふたりめ》に受賞《じゅしょう》した翌年《よくねん》5月《がつ》、心不全《しんふぜん》のため町子《まちこ》はとつぜん世《よ》を去《さ》りました。生前《せいぜん》、70歳《さい》をすぎたら入院《にゅういん》しない、手術《しゅじゅつ》をしない、死後《しご》しばらくは世間《せけん》に知《し》らせないという約束《やくそく》を家族《かぞく》と取《と》りかわしていたため、世間《せけん》が町子《まちこ》の死《し》を知《し》ったのは1か月《げつ》も後《あと》のことでした。広《ひろ》く人々《ひとびと》に愛《あい》された町子《まちこ》は、7月《がつ》に漫画家《まんがか》として初《はつ》の国民栄誉賞《こくみんえいよしょう》を受賞《じゅしょう》しました。

いわさきちひろ

画家《がか》 1918-1974年《ねん》／日本《にほん》(福井出身《ふくいしゅっしん》)

観察力《かんさつりょく》とデッサン力《りょく》で子《こ》どもの心《こころ》を見《み》つめた

平和《へいわ》で、豊《ゆた》かで、美《うつく》しく、
可愛《かわい》いものがほんとうに好《す》きで、
そういうものを
こわしていこうとする力《ちから》に
限《かぎ》りない憤《いきどお》りを感《かん》じます。

(出典《しゅってん》:「教育評論《きょういくひょうろん》」1972年《ねん》11月号《がつごう》　対談集《たいだんしゅう》『教育《きょういく》と私《わたくし》』
藤田恭平《ふじたきょうへい》 編《へん》1973年《ねん》12月号《がつごう》に再録《さいろく》。ともに日本教職員組合《にほんきょうしょくいんくみあい》)

1973年《ねん》4月《がつ》、54歳《さい》の時《とき》のちひろ。

ちひろのえがく子《こ》どもたちは、みなやさしい色合《いろあ》いで包《つつ》みこまれるようです。それはすべての子《こ》どもたちへの愛情《あいじょう》がこめられているからです。晩年《ばんねん》に描《か》いた『戦火《せんか》のなかの子《こ》どもたち』は、ベトナム戦争《せんそう》に心《こころ》を痛《いた》めたちひろが、自分《じぶん》の戦争体験《せんそうたいけん》を重《かさ》ねて描《か》き上《あ》げました。

絵本《えほん》の地位《ちい》を向上《こうじょう》させた愛《あい》あふれる画家《がか》

ちひろは、陸軍技師《りくぐんぎし》の父《ちち》と女学校《じょがっこう》の教師《きょうし》の母《はは》をもち、豊《ゆた》かな家庭《かてい》に生《う》まれ育《そだ》ちました。若《わか》いころに戦争《せんそう》を体験《たいけん》したため、生《しょう》がい平和《へいわ》を強《つよ》く願《ねが》いました。

東京府立第六高等女学校《とうきょうふりつだいろくこうとうじょがっこう》の2年生《ねんせい》の時《とき》に、洋画家《ようがか》の岡田三郎助《おかださぶろうすけ》に入門《にゅうもん》。おとなにまじって学《まな》び、展覧会《てんらんかい》でみごと入賞《にゅうしょう》。終戦後《しゅうせんご》は、東京《とうきょう》の新聞社《しんぶんしゃ》で挿絵《さしえ》を描《か》く仕事《しごと》につきます。挿絵《さしえ》を描《か》いた本《ほん》が出版《しゅっぱん》されたり、紙芝居《かみしばい》が文部大臣賞《もんぶだいじんしょう》を受賞《じゅしょう》したりするなど、画家《がか》としての道《みち》を順調《じゅんちょう》に歩《あゆ》み始《はじ》めます。1950年《ねん》に結婚《けっこん》、翌年《よくねん》に男《おとこ》の子《こ》を産《う》みますが、6畳一間《じょうひとま》での仕事《しごと》と子育《こそだ》ての両立《りょうりつ》は難《むずか》しく、長野《ながの》にいる両親《りょうしん》に子《こ》どもをたくし、東京《とうきょう》と長野《ながの》を行《い》き来《き》する生活《せいかつ》が続《つづ》きます。親子《おやこ》3人《にん》が暮《く》らせる家《いえ》を建《た》てたい一心《いっしん》でたくさんの仕事《しごと》をこなしていきます。

挿絵《さしえ》、イラスト、童画《どうが》の地位《ちい》が低《ひく》かった時代《じだい》、人々《ひとびと》に愛《あい》され求《もと》められたちひろの絵《え》は、画家《がか》という職業《しょくぎょう》の地位《ちい》の向上《こうじょう》にもつながりました。

1972年《ねん》の作品《さくひん》「赤《あか》い毛糸帽《けいとぼう》の女《おんな》の子《こ》」。
絵本《えほん》『ゆきのひのたんじょうび』(至光社《しこうしゃ》)の表紙《ひょうし》になった。

フリーダ・カーロ

画家《がか》　1907-1954年《ねん》／メキシコ

苦痛《くつう》や絶望《ぜつぼう》にくっすることなく
激《はげ》しく生《い》き、描《か》いた画家《がか》

自画像《じがぞう》（左《ひだり》）とフリーダ。

飛《と》ぶための翼《つばさ》をもっていれば、どうして足《あし》が必要《ひつよう》だろうか。

（出典《しゅってん》：クリスティーナ・ビュリュス『フリーダ・カーロ　痛《いた》みこそ、わが真実《しんじつ》』遠藤《えんどう》ゆかり 訳《やく》　創元社《そうげんしゃ》）

フリーダは、子《こ》どものころ、小児《しょうに》まひにかかって右足《みぎあし》が不自由《ふじゆう》になりました。そのうえ、交通事故《こうつうじこ》で重傷《じゅうしょう》を負《お》います。足《あし》と背骨《せぼね》の痛《いた》みに苦《くる》しみながら、くっすることなく、愛《あい》すること、描《か》くことに情熱《じょうねつ》を燃《も》やしました。46歳《さい》で右足《みぎあし》を切断《せつだん》しますが、軍事《ぐんじ》クーデターへの抵抗《ていこう》デモに参加《さんか》するなど、画家以外《がかいがい》の活動《かつどう》にも取《と》り組《く》みました。

苦痛《くつう》やさけびを感《かん》じる自画像《じがぞう》

18歳《さい》のフリーダは、長《なが》い入院生活《にゅういんせいかつ》の退屈《たいくつ》をまぎらすため、家族《かぞく》や友人《ゆうじん》の肖像《しょうぞう》、自画像《じがぞう》を描《か》き始《はじ》めました。30回《かい》も手術《しゅじゅつ》をし、年々増《ねんねんま》す痛《いた》さとたたかうように描《か》いた200点《てん》ほどの絵《え》の大半《たいはん》は自画像《じがぞう》です。1929年《ねん》、フリーダが22歳《さい》の時《とき》、絵《え》を見《み》てもらっていた、21歳年上《さいとしうえ》の画家《がか》、ディエゴ・リベラと結婚《けっこん》。おたがいの才能《さいのう》を認《みと》め合《あ》い、ユーモアとセンスのある刺激的《しげきてき》な生活《せいかつ》でしたが、身《み》ごもった子《こ》どもは流産《りゅうざん》し、ディエゴは何度《なんど》となくほかの女性《じょせい》へと走《はし》ります。そんな絶望《ぜつぼう》のなかで描《か》いた、背骨《せぼね》がひび割《わ》れた絵《え》、血《ち》に染《そ》まる裸婦《らふ》や傷《きず》だらけの肖像《しょうぞう》などからは、フリーダの苦痛《くつう》やさけびが伝《つた》わり、見《み》る人々《ひとびと》の心《こころ》をつき動《うご》かします。

ラグーザ・玉《たま》

洋画家《ようがか》　1861-1939年《ねん》／日本《にほん》（東京出身《とうきょうしゅっしん》）

イタリアで花開《はなひら》いた日本女流洋画家第一号《にほんじょりゅうようがかだいいちごう》
絵《え》が描《か》ける喜《よろこ》びで、異国《いこく》の地《ち》でひたむきに生《い》きた

晩年《ばんねん》の玉《たま》。ニューヨーク国際美術展覧会《こくさいびじゅつてんらんかい》で婦人部最高《ふじんぶさいこう》賞《しょう》を受賞《じゅしょう》した。

新《あたら》しい世界《せかい》が見《み》られる絵《え》の勉強《べんきょう》ができるという希望《きぼう》でいっぱい

（出典《しゅってん》：『ラグーザ玉自叙伝《たまじじょでん》』木村毅《きむらき》 編《へん》　改造社《かいぞうしゃ》）

1882年《ねん》、玉《たま》は、イタリアの学校《がっこう》へ留学《りゅうがく》しました。当時《とうじ》はたいへんめずらしいことでした。後《のち》に夫《おっと》になる彫刻家《ちょうこくか》のラグーザに西洋画《せいようが》を習《なら》ったことがきっかけでした。異国《いこく》の地《ち》でも玉《たま》は希望《きぼう》に満《み》ちていました。

西洋《せいよう》と東洋《とうよう》の文化《ぶんか》が調和《ちょうわ》する作品《さくひん》

玉《たま》は幼《おさな》いころから日本画《にほんが》を習《なら》い、12歳《さい》で雅号《がごう》（ペンネーム、筆名《ひつめい》）をもらったほどの才能《さいのう》のもち主《ぬし》でした。イタリア人彫刻家《じんちょうこくか》のラグーザに西洋画《せいようが》の指導《しどう》を受《う》け、ラグーザと結婚《けっこん》。国際結婚《こくさいけっこん》も西洋画《せいようが》もめずらしい時代《じだい》でした。ラグーザとイタリアにわたり、洋画《ようが》を学《まな》びながら、工芸美術学校《こうげいびじゅつがっこう》の設立《せつりつ》に力《ちから》を注《そそ》ぎます。ちょうどフランスではセザンヌやルノワールなどが活《かつ》やくしていた時代《じだい》です。玉《たま》は、51年間《ねんかん》イタリアにとどまって絵《え》を描《か》き続《つづ》けます。西洋《せいよう》と東洋《とうよう》の文化《ぶんか》が調和《ちょうわ》する玉《たま》の作品《さくひん》は、世界《せかい》で高《たか》く評価《ひょうか》されました。

上村松園《うえむらしょうえん》

日本画家《にほんがか》　1875-1949年《ねん》／日本《にほん》（京都出身《きょうとしゅっしん》）

天才少女《てんさいしょうじょ》といわれ、画業一筋《がぎょうひとすじ》に生《い》きた美人画《びじんが》の描《か》き手《て》

松園《しょうえん》が絵《え》を習《なら》い始《はじ》めた時代《じだい》は、女性《じょせい》は嫁《よめ》にいき、家《いえ》を守《まも》るのが当《あ》たり前《まえ》で、絵《え》を描《か》いて生活《せいかつ》するなど許《ゆる》されなかった。

女《おんな》は強《つよ》く生《い》きねばならぬ

（出典《しゅってん》：『青眉抄《せいびしょう》』求龍堂《きゅうりゅうどう》）

女《おんな》であることが画業《がぎょう》への専念《せんねん》を難《むずか》しくしていた時代《じだい》に、松園《しょうえん》を応《おう》えんし続《つづ》けたのは、女手一《おんなでひと》つで家計《かけい》を支《ささ》え育《そだ》ててくれた母《はは》です。後《のち》に結婚《けっこん》をしないまま子《こ》どもを産《う》み、世間《せけん》の風《かぜ》を受《う》けながら生《い》きた松園《しょうえん》にとって、「母性《ぼせい》」と「強《つよ》さ」は、美《うつく》しさと深《ふか》く結《むす》びついていました。

日本女性《にほんじょせい》の美《び》を追求《ついきゅう》した生《しょう》がい

松園《しょうえん》は、子《こ》どものころから絵《え》が大好《だいす》きでした。学校《がっこう》でも休《やす》み時間《じかん》はずっと絵《え》を描《か》いているほどで、小学校《しょうがっこう》を卒業《そつぎょう》すると母親《ははおや》にせがんで日本最初《にほんさいしょ》の公立《こうりつ》の絵《え》の学校《がっこう》である京都府画学校《きょうとふががっこう》に入学《にゅうがく》します。「嫁《よめ》のもらい手《て》がなくなる」という親戚《しんせき》の反対《はんたい》から、母《はは》が守《まも》ってくれたおかげで絵《え》の道《みち》に進《すす》むことができました。

画学校《ががっこう》の先生《せんせい》が開《ひら》いていた塾《じゅく》で学《まな》んでいた16歳《さい》の時《とき》、『四季美人図《しきびじんず》』を第《だい》3回内国勧業博覧会《かいないこくかんぎょうはくらんかい》に出品《しゅっぴん》。これが1等《とう》を受賞《じゅしょう》したうえ、来日《らいにち》していたイギリスの貴族《きぞく》の目《め》に留《と》まって買《か》い上《あ》げられたことから、松園《しょうえん》は天才少女画家《てんさいしょうじょがか》として、「美人画《びじんが》」の描《か》き手《て》の道《みち》を、歩《あゆ》み始《はじ》めます。

以後《いご》、松園《しょうえん》は『花《はな》ざかり』『母子《ぼし》』『序《じょ》の舞《まい》』などの美人画《びじんが》を明治《めいじ》から昭和《しょうわ》にかけて絶《た》え間《ま》なく世《よ》に出《だ》し続《つづ》け、1948年《ねん》には女性初《じょせいはつ》の文化勲章《ぶんかくんしょう》も受賞《じゅしょう》しました。

格調高《かくちょうたか》く愛《あい》に満《み》ちた美人画《びじんが》を多《おお》く描《か》いた松園《しょうえん》の異色作《いしょくさく》といわれるのが『焔《ほのお》』です。『源氏物語《げんじものがたり》』に登場《とうじょう》する六条御息所《ろくじょうのみやすどころ》の生霊《いきりょう》を描《か》いたもので、「数多《かずおお》くある絵《え》のうち、たった1枚《まい》の凄艶《せいえん》な絵《え》」と、松園自身《しょうえんじしん》が語《かた》るように、おそろしくも悲《かな》しい作品《さくひん》で、見《み》る人《ひと》を圧倒《あっとう》します。

『源氏物語《げんじものがたり》』を題材《だいざい》にした作品《さくひん》「焔《ほのお》」。光源氏《ひかるげんじ》の愛《あい》を受《う》けられず、自分《じぶん》の髪《かみ》をかみ、苦《くる》しむ六条御息所《ろくじょうのみやすどころ》の姿《すがた》が痛々《いたいた》しい。松園自身《しょうえんじしん》も「なぜこのような作品《さくひん》を描《か》いたのかわからない」と語《かた》る。

Image : TNM Image Archives

小倉遊亀《おぐらゆき》

日本画家《にほんがか》　1895-2000年《ねん》／日本《にほん》(滋賀出身《しがしゅっしん》)

勉強《べんきょう》であり、喜《よろこ》びであり、私《わたし》のすべて
まっさらな気持《きも》ちで105歳《さい》まで日本画《にほんが》と向《む》き合《あ》った

遊亀《ゆき》という名前《なまえ》は、亀《かめ》が足《あし》や手《て》をゆったり動《うご》かして遊《あそ》んでいるような、そんな大《おお》らかな人生《じんせい》を送《おく》ってほしいという思《おも》いをこめて、父親《ちちおや》が名《な》づけた。

> まだまだ、若造《わかぞう》ですから。

(参考《さんこう》：NHK《エヌエイチケイ》「日曜美術館《にちようびじゅつかん》」)

102歳《さい》の時《とき》に、テレビで語《かた》った言葉《ことば》です。「生《い》きることは、昨日《きのう》の自分《じぶん》に一歩《いっぽ》つけ加《くわ》えて新《あたら》しい何《なに》かを今日見《きょうみ》つけること」と言《い》い、勉強《べんきょう》を怠《おこた》りませんでした。

作品《さくひん》「径《こみち》」。母親《ははおや》の後《あと》に子《こ》ども、イヌが連《つら》なって歩《ある》いている。縦《たて》165cm、横《よこ》211cmと大《おお》きく、遊亀《ゆき》が71歳《さい》の時《とき》の作品《さくひん》。

60代《だい》まで修業《しゅぎょう》。70代《だい》でデビュー

日本画《にほんが》を描《か》いて生《い》きていくことを志《こころざ》していましたが、遊亀《ゆき》は病身《びょうしん》の母《はは》を養《やしな》うために教師《きょうし》をしながら、作品《さくひん》を制作《せいさく》しました。25歳《さい》の時《とき》、故郷《こきょう》の滋賀《しが》から横浜《よこはま》に移《うつ》り住《す》み、安田靫彦《やすだゆきひこ》に弟子入《でしい》りします。「何年《なんねん》かかってもいい。1枚《まい》の葉《は》っぱが手《て》に入《はい》れば、宇宙全体《うちゅうぜんたい》が手《て》のひらに入《はい》ります」と教《おし》えられ、技法《ぎほう》や発想《はっそう》の自由度《じゆうど》が高《たか》まります。作品《さくひん》「胡瓜《きゅうり》」を発表《はっぴょう》し、女性《じょせい》として初《はじ》めて日本美術院同人《にほんびじゅついんどうじん》に推《すい》せんされました。「絵《え》は自己《じこ》なり」と信《しん》じる遊亀《ゆき》は、精神修行《せいしんしゅぎょう》にも熱心《ねっしん》に取《と》り組《く》みました。43歳《さい》の時《とき》に、31歳年上《さいとしうえ》の禅《ぜん》の修行者《しゅぎょうしゃ》、小倉鉄樹《おぐらてつじゅ》と結婚《けっこん》し、北鎌倉《きたかまくら》の家《いえ》で作品《さくひん》に向《む》き合《あ》います。夫《おっと》との暮《く》らしは6年《ねん》と短《みじか》いものでしたが、その暮《く》らしのなかで、とらわれない自由《じゆう》な心《こころ》を育《はぐく》んだ遊亀《ゆき》は、70代《だい》で「径《こみち》」「舞妓《まいこ》」「姉妹《しまい》」などの代表作《だいひょうさく》を生《う》み出《だ》します。80代《だい》になっても勢《いきお》いはおとろえず、105歳《さい》まで絵筆《えふで》をにぎりました。遊亀《ゆき》は、「老《お》いてこそかがやくもの。60代《だい》までは修業《しゅぎょう》。70代《だい》でデビュー。100歳現役《さいげんえき》」という言葉《ことば》を残《のこ》しています。

松井須磨子《まついすまこ》

女優《じょゆう》　1886-1919年《ねん》／日本《にほん》(長野出身《ながのしゅっしん》)

やると決《き》めたら、とことんまでつき進《すす》む
舞台《ぶたい》も、恋《こい》も、がむしゃらに生《い》きた

故郷《こきょう》の長野県松代《ながのけんまつしろ》にちなんで、芸名《げいめい》は「松代《まつしろ》」を考《かんが》えていたが、言《い》いやすい「松井《まつい》」とした。

(略《りゃく》)自分《じぶん》と同化《どうか》した様《よう》な役柄《やくがら》をして、廣《ひろ》く世間《せけん》の人《ひと》に訴《うった》へたい様《よう》な気持《きも》ちも有《あ》つた、(略《りゃく》)

(出典《しゅってん》：『牡丹刷毛《ぼたんばけ》』不二出版《ふじしゅっぱん》)

生《しょう》がいに１冊《さつ》だけ残《のこ》した著書《ちょしょ》のなかで、須磨子《すまこ》が自分自身《じぶんじしん》の激《はげ》しい性格《せいかく》を語《かた》った一節《いっせつ》です。須磨子《すまこ》は、舞台《ぶたい》では役《やく》になりきります。表現《ひょうげん》が激《はげ》しすぎると批評《ひひょう》されることもありましたが、自分《じぶん》のおさえきれないあらゆる感情《かんじょう》を、演技《えんぎ》という形《かたち》で表《あらわ》していた須磨子《すまこ》。かの女《じょ》にとって、女優《じょゆう》は天職《てんしょく》でした。

『ハムレット』でオフィーリアを演《えん》じる須磨子《すまこ》。

須磨子《すまこ》の出世作《しゅっせさく》となった『人形《にんぎょう》の家《いえ》』の一幕《ひとまく》。

いつも命《いのち》がけの芸《げい》だった

江戸時代《えどじだい》に始《はじ》まった歌舞伎《かぶき》から起《お》こった、日本《にほん》の演劇《えんげき》の世界《せかい》では、役者《やくしゃ》は男性《だんせい》だけで、女性《じょせい》の役《やく》も男性《だんせい》が演《えん》じていました。しかし明治時代《めいじじだい》に入《はい》り、新《あたら》しい演劇《えんげき》が起《お》こると、女性《じょせい》の役《やく》は、女性《じょせい》が演《えん》じるべきという考《かんが》えが広《ひろ》がります。須磨子《すまこ》は自分《じぶん》から女優《じょゆう》になることを希望《きぼう》して、日本《にほん》で舞台《ぶたい》に立《た》った女優第一号《じょゆうだいいちごう》として活《かつ》やくします。ちょうど女性《じょせい》の地位《ちい》を向上《こうじょう》させようとする、女性解放運動《じょせいかいほううんどう》などが起《お》こり、また川上貞奴《かわかみさだやっこ》(→p.26)が海外《かいがい》で女優活動《じょゆうかつどう》をするなど、女性《じょせい》の社会進出《しゃかいしんしゅつ》が始《はじ》まった時期《じき》でもありました。

やがて須磨子《すまこ》は、劇団《げきだん》の演出家《えんしゅつか》であり、脚本家《きゃくほんか》である島村抱月《しまむらほうげつ》と恋《こい》に落《お》ちますが、抱月《ほうげつ》には妻子《さいし》がいたため、周囲《しゅうい》の反感《はんかん》を買《か》いました。しかし、抱月《ほうげつ》が脚本《きゃくほん》を書《か》いて演出《えんしゅつ》をし、須磨子《すまこ》が演《えん》じるという関係《かんけい》のなかで、演劇《えんげき》の世界《せかい》でも生活《せいかつ》でも、２人《ふたり》はいっしょでなければ生《い》きてはいけない間《あいだ》がらになるのです。

須磨子《すまこ》の演技《えんぎ》を批判《ひはん》するきびしい批評家《ひひょうか》は多《おお》くいました。しかし、たとえ相手《あいて》が先輩《せんぱい》であっても自分《じぶん》の演劇《えんげき》に対《たい》する考《かんが》えをはっきり主張《しゅちょう》したり、けいこをなまける団員《だんいん》を激《はげ》しく責《せ》めたりと、がむしゃらに演劇《えんげき》にうちこむ須磨子《すまこ》の姿《すがた》に、周囲《しゅうい》は圧倒《あっとう》されました。須磨子《すまこ》は32歳《さい》の若《わか》さで自分《じぶん》の人生《じんせい》の幕《まく》を引《ひ》きますが、死《し》ぬまで女優《じょゆう》として、多《おお》くの人々《ひとびと》の心《こころ》にその存在感《そんざいかん》を示《しめ》したのでした。

松井須磨子《まついすまこ》の人生《じんせい》をたどってみよう

子《こ》ども時代《じだい》　9人《にん》きょうだいの末《すえ》っ子《こ》、養女《ようじょ》に出《だ》される

1886年《ねん》、須磨子《すまこ》は、長野県《ながのけん》で代々真田家《だいだいさなだけ》に仕《つか》えた藩士《はんし》の家《いえ》に生《う》まれます。本名《ほんみょう》は小林正子《こばやしまさこ》。6歳《さい》の時《とき》、父《ちち》の妹《いもうと》がとついだ長谷川家《はせがわけ》に養女《ようじょ》に出《だ》されました。15歳《さい》の時《とき》に養父《ようふ》が亡《な》くなり、小林家《こばやしけ》にもどされますが、その1年後《ねんご》に実父《じっぷ》も亡《な》くなってしまいます。実家《じっか》になじめない須磨子《すまこ》をふびんに思《おも》っていた父《ちち》は、死《し》ぬ直前《ちょくぜん》、須磨子《すまこ》に東京《とうきょう》に行《い》くようにすすめていました。須磨子《すまこ》は東京《とうきょう》の麻布《あざぶ》で和菓子店《わがしてん》を営《いとな》んでいる2番目《ばんめ》の姉《あね》をたよって、上京《じょうきょう》しました。

17歳《さい》　初《はじ》めの結婚《けっこん》

姉《あね》の和菓子店《わがしてん》を手伝《てつだ》いながら、裁縫学校《さいほうがっこう》へ通《かよ》っていた須磨子《すまこ》は、学校《がっこう》を1年《ねん》で卒業《そつぎょう》すると、いとこのすすめで千葉《ちば》の旅館《りょかん》のあととり息子《むすこ》とお見合《みあ》いで結婚《けっこん》します。17歳《さい》でした。養父《ようふ》、実父《じっぷ》を続《つづ》けて亡《な》くしている須《す》磨子《まこ》は、結婚相手《けっこんあいて》のやさしい父《ちち》にその姿《すがた》を重《かさ》ねて親《した》しみを感《かん》じ、一生《いっしょう》けんめい旅館《りょかん》を手伝《てつだ》いますが、その結《けっ》婚《こん》は1年《ねん》しか続《つづ》きませんでした。須磨子《すまこ》は東京《とうきょう》へもどり、いとこの家《いえ》に身《み》を寄《よ》せました。

須磨子《すまこ》が通《かよ》っていた当時《とうじ》の、戸板裁縫女学校《といたさいほうじょがっこう》（今《いま》の戸板女子短期大学《といたじょしたんきだいがく》）の授業《じゅぎょう》のようす。後《のち》に須磨子《すまこ》は、ここで学《まな》んだ裁縫《さいほう》を教《おし》えて、生活費《せいかつひ》を得《え》ていたこともある。

22歳《さい》　2度目《どめ》の結婚《けっこん》、演劇《えんげき》との出会《であ》い

結婚《けっこん》がうまくいかなかったことで落《お》ちこんでいる須磨子《すまこ》を見《み》て、いとこは家《いえ》に家庭教師《かていきょうし》として来《き》ていた男性《だんせい》をしょうかいします。そして結婚《けっこん》。夫《おっと》となった男性《だんせい》は、文学《ぶんがく》や演劇《えんげき》を研究《けんきゅう》している教師《きょうし》でした。須磨子《すまこ》は夫《おっと》に連《つ》れられて初《はじ》めて見《み》たおとぎ劇《げき》のとりことなり、女優《じょゆう》になることを決心《けっしん》します。ちょうどこのころ、早稲田大学《わせだだいがく》の教授《きょうじゅ》、坪内逍遥《つぼうちしょうよう》が、留学先《りゅうがくさき》（イギリスとドイツ）から帰国《きこく》した島村抱月《しまむらほうげつ》と新劇《しんげき》「文芸《ぶんげい》協会《きょうかい》」を立《た》ち上《あ》げ、女優《じょゆう》を募集《ぼしゅう》していました。募集《ぼしゅう》を知《し》った須磨子《すまこ》はすぐに応募《おうぼ》し、なんとか合格《ごうかく》。念願《ねんがん》だった女優《じょゆう》への一歩《いっぽ》をふみ出《だ》します。

日本《にほん》の近代演劇《きんだいえんげき》を立《た》ち上《あ》げた

坪内逍遥《つぼうちしょうよう》

(1859-1935年《ねん》)

東京専門学校《とうきょうせんもんがっこう》(今《いま》の早稲田大学《わせだだいがく》)文学部《ぶんがくぶ》の教授《きょうじゅ》で、西洋《せいよう》の文学《ぶんがく》や演劇《えんげき》の研究《けんきゅう》をして、弟子《でし》の島村《しまむら》抱月《ほうげつ》らと新《あたら》しい演劇《えんげき》「新劇《しんげき》」を立《た》ち上《あ》げました。文学論《ぶんがくろん》『小説神髄《しょうせつしんずい》』、小説《しょうせつ》『当世書生気質《とうせいしょせいかたぎ》』を発表《はっぴょう》。また、シェークスピアの研究家《けんきゅうか》として全集《ぜんしゅう》を訳《やく》しています。

近代演劇《きんだいえんげき》の流《なが》れ

明治時代《めいじじだい》には、それまでの歌舞伎《かぶき》とはちがう演劇《えんげき》、「新劇《しんげき》」と「新派劇《しんぱげき》」が起《お》こります。新劇《しんげき》には、文芸協会《ぶんげいきょうかい》（1906年《ねん》）と自《じ》由劇場《ゆうげきじょう》（1909年《ねん》）の2つの劇団《げきだん》があります。この2つからさらにそれぞれ分《わ》かれますが、消滅《しょうめつ》、解散《かいさん》してしまいます。

●新劇《しんげき》　歌舞伎《かぶき》とはちがう西洋《せいよう》の近代翻訳劇《きんだいほんやくげき》

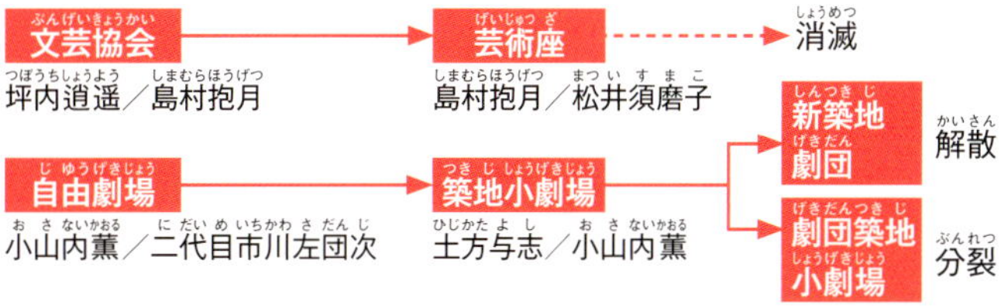

小山内薫《おさないかおる》

土方与志《ひじかたよし》

築地小劇場《つきじしょうげきじょう》での舞台写真《ぶたいしゃしん》

●新派劇《しんぱげき》　歌舞伎《かぶき》に対《たい》して起《お》こった明治《めいじ》の現代劇《げんだいげき》
(→p.26)。

25歳《さい》 初舞台《はつぶたい》、ノラ、マグダへ 話題《わだい》の女優《じょゆう》に

文芸協会《ぶんげいきょうかい》の第《だい》１期研究生《きけんきゅうせい》として、須磨子《すまこ》は演劇《えんげき》のけいこのほか、近代劇《きんだいげき》の講義《こうぎ》、踊《おど》り、英語《えいご》など、厳《きび》しい特訓《とっくん》を受《う》けました。英語《えいご》の本《ほん》には、カタカナで読《よ》みがなをふって、丸暗記《まるあんき》しました。入団《にゅうだん》１年後《ねんご》に試演《しえん》会《かい》が行《おこな》われ、須磨子《すまこ》は『ハムレット』第《だい》３幕《まく》でオフィーリア役《やく》に選《えら》ばれます。ますます演劇《えんげき》にのめりこみ、２度目《どめ》の結婚生活《けっこんせいかつ》もうまくいかなくなりました。

運命《うんめい》の人《ひと》

島村抱月《しまむらほうげつ》
(1871-1918年《ねん》)

東京専門学校《とうきょうせんもんがっこう》を卒業後《そつぎょうご》、文学評論《ぶんがくひょうろん》を発表《はっぴょう》。1902年《ねん》にヨーロッパに留学《りゅうがく》、西洋文化《せいようぶんか》と演劇《えんげき》を勉強《べんきょう》し、帰国後《きこくご》、東京専門学校《とうきょうせんもんがっこう》の教授《きょうじゅ》となります。文芸協会《ぶんげいきょうかい》では脚本《きゃくほん》、演出《えんしゅつ》を担当《たんとう》。1913年文芸協会《ねんぶんげいきょうかい》を退会《たいかい》し、須磨子《すまこ》と芸術座《げいじゅつざ》を立《た》ち上《あ》げます。

『人形《にんぎょう》の家《いえ》』とは

イプセン作《さく》の戯曲《ぎきょく》。裕福《ゆうふく》な家《いえ》に生《う》まれた主人公《しゅじんこう》ノラは、弁護士《べんごし》ヘルマーと結婚《けっこん》します。なに不自由《ふじゆう》のない日々《ひび》でしたが、夫《おっと》に仕《つか》えるただの人形《にんぎょう》のような生活《せいかつ》に、自《じ》分《ぶん》らしい生《い》き方《かた》をしようと決意《けつい》し、夫《おっと》と３人《にん》の子《こ》どもを捨《す》てて家《いえ》を出《で》る女性《じょせい》のお話《はなし》です。

ノルウェーの劇作家《げきさっか》イプセンの３幕戯曲《まくぎきょく》『人形《にんぎょう》の家《いえ》』(岩波文庫《いわなみぶんこ》)。

1911年《ねん》、文芸協会《ぶんげいきょうかい》はできたばかりの帝国劇場《ていこくげきじょう》で『ハムレット』を公演《こうえん》、大成功《だいせいこう》をおさめます。その後《ご》、島《しま》村抱月《むらほうげつ》が訳《やく》した『人形《にんぎょう》の家《いえ》』の公演《こうえん》が決《き》まり、須磨子《すまこ》は主役《しゅやく》のノラを演《えん》じることになりました。ノラは新《あたら》しい女性像《じょせいぞう》で、須磨子《すまこ》は自分《じぶん》に演《えん》じきれるのか不安《ふあん》になりますが、練習《れんしゅう》を重《かさ》ねます。須磨子《すまこ》のテンポのよいせりふ回《まわ》しと大《だい》たんな演技《えんぎ》で、公演《こうえん》は大成功《だいせいこう》。須磨《すま》子《こ》は一気《いっき》に大女優《だいじょゆう》の地位《ちい》をつかみます。このころから、須磨子《すまこ》と抱月《ほうげつ》はおたがいにひかれ合《あ》うようになります。須磨子《すまこ》は続《つづ》く『故郷《こきょう》』でも主役《しゅやく》のマグダ役《やく》を演《えん》じて大《だい》好評《こうひょう》を得《え》、女優《じょゆう》として自信《じしん》をつけます。

須磨子《すまこ》が演《えん》じた女性像《じょせいぞう》と女性解放運動《じょせいかいほううんどう》

人々《ひとびと》は、日本《にほん》の舞台《ぶたい》に女優《じょゆう》として初《はじ》めて立《た》った須磨子《すまこ》を、新《あたら》しい時代《じだい》の新《あたら》しい女性《じょせい》として認《みと》めました。須磨子《すまこ》がノラとして舞台《ぶたい》に立《た》った1911年《ねん》は、平塚《ひらつか》らいてうが雑《ざっ》誌《し》「青踏《せいとう》」を創刊《そうかん》した年《とし》でもありました。男性優位《だんせいゆうい》の社会《しゃかい》を見直《みなお》し、男女平等《だんじょびょうどう》で、女《じょ》性《せい》が能力《のうりょく》を発揮《はっき》できる社会《しゃかい》を目指《めざ》そうという活動《かつどう》が始《はじ》まり、女性解放運動《じょせいかいほううんどう》とよばれました。須磨子《すまこ》はこれらの女性活動家《じょせいかつどうか》たちと交流《こうりゅう》するようになります。須磨子自身《すまこじしん》も、新《あたら》しい女性《じょせい》としての意識《いしき》は高《たか》く、女性《じょせい》の地位《ちい》を軽《かろ》んじる日本《にほん》の風習《ふうしゅう》に、「くつじょくを感《かん》じる」と語《かた》っています。

平塚《ひらつか》らいてう《(ちょう)》
(1886-1971年《ねん》)
女性解放運動《じょせいかいほううんどう》の中心的《ちゅうしんてき》人物《じんぶつ》として活躍《かつやく》。須磨子《すまこ》が演《えん》じたノラについて意見《いけん》を寄《よ》せている。また、須磨子《すまこ》はらいてうらと雑誌《ざっし》『番紅《さふ》花《らん》』に参加《さんか》していた。

長谷川時雨《はせがわしぐれ》
(1879-1941年《ねん》)
劇作家《げきさっか》。岡田八千代《おかだやちよ》とともに、女流文芸雑誌《じょりゅうぶんげいざっし》『女人芸術《にょにんげいじゅつ》』を立《た》ち上《あ》げる。川上貞奴《かわかみさだやっこ》(→p.26)の引退公演《いんたいこうえん》を須磨子《すまこ》といっしょに見《み》るなどした。

文芸協会《ぶんげいきょうかい》は、1912年《ねん》５月《がつ》、有楽《ゆうらく》座《ざ》で『故郷《こきょう》』を公演《こうえん》。主役《しゅやく》・マグダの衣装《いしょう》を着《き》た須磨子《すまこ》。

26歳《さい》 道《みち》ならぬ恋《こい》。文芸協会《ぶんげいきょうかい》を退会《たいかい》

文芸協会《ぶんげいきょうかい》は公演《こうえん》を重《がさ》ね、須磨子《すまこ》はつぎつぎに主役《しゅやく》を演《えん》じて成功《せいこう》させます。女優《じょゆう》としての実力《じつりょく》、人気《にんき》は不動《ふどう》のものになりました。一方《いっぽう》で、妻子《さいし》のある抱月《ほうげつ》との関係《かんけい》が知《し》られるようになり、2人《ふたり》の立場《たちば》は苦《くる》しいものになります。坪内逍遥《つぼうちしょうよう》は、抱月《ほうげつ》と別《わか》れるよう須磨子《すまこ》を説得しますが、須磨子《すまこ》は抱月《ほうげつ》への思いをたちきることができません。1913年《ねん》5月《がつ》、ついに文芸協会《ぶんげいきょうかい》から退会《たいかい》を言《い》いわたされ、抱月《ほうげつ》もなやんだ末《すえ》にやめます。

教育者《きょういくしゃ》として高《たか》い理想《りそう》をもっていた逍遥《しょうよう》は、2人《ふたり》の関係《かんけい》を残念《ざんねん》に思《おも》った。

27歳《さい》 再出発《さいしゅっぱつ》、劇団経営《げきだんけいえい》の難《むずか》しさを知《し》る

須磨子《すまこ》と抱月《ほうげつ》の退会《たいかい》に、人々《ひとびと》は同情的《どうじょうてき》でした。退《たい》会《かい》から2か月後《げつご》、多《おお》くの支持者《しじしゃ》を得《え》て、2人《ふたり》は「芸術《げいじゅつ》座《ざ》」を立《た》ち上《あ》げます。しかし演出家《えんしゅつか》、女優《じょゆう》としての才《さい》能《のう》があっても劇団経営《げきだんけいえい》の能力《のうりょく》はなく、たちまち赤字続《あかじつづ》きとなります。また須磨子《すまこ》のせりふばかりを多《おお》くする抱月《ほうげつ》の脚本《きゃくほん》に団員《だんいん》から不満《ふまん》が出《で》ました。そんな苦《くる》しい状態《じょうたい》のなかで、1914年《ねん》トルストイ原作《げんさく》の『復活《ふっかつ》』の公演《こうえん》が決《き》まりました。これで失敗《しっぱい》したらもう終《お》わりです。抱月《ほうげつ》は舞台《ぶたい》で須磨子《すまこ》に歌《うた》を歌《うた》わせることを思《おも》いつきます。ねらいどおり、須磨子《すまこ》が歌《うた》った「カチューシャの唄《うた》」は大《だい》ヒット。芸術座《げいじゅつざ》は危機《きき》を乗《の》り越《こ》えました。

カチューシャを演《えん》じる須磨子《すまこ》。『復活《ふっかつ》』は大成功《だいせいこう》となり、4年《ねん》間《かん》で444回《かい》も上演《じょうえん》した。

32歳《さい》 突然《とつぜん》の別《わか》れ、須磨子《すまこ》の悲《かな》しい決意《けつい》

1915年《ねん》、芸術座《げいじゅつざ》の劇場《げきじょう》「芸術倶楽部《げいじゅつくらぶ》」が完成《かんせい》し、須《す》磨子《まこ》と抱月《ほうげつ》はそこに移《うつ》り住《す》みました。公演《こうえん》の予定《よてい》がびっしりとうまった充実《じゅうじつ》した日々《ひび》でした。

ある日《ひ》、抱月《ほうげつ》はスペイン風邪《かぜ》をひくと、あっけなく死《し》んでしまいます。抱月《ほうげつ》が死《し》んだ時《とき》、須磨子《すまこ》はけいこをしていて、その死《しし》を知《し》らされることもなく、死《し》に目《め》にも会《あ》うことができませんでした。悲《かな》しむ間《ま》もなく、その翌日《よくじつ》から須磨子《すまこ》は舞台《ぶたい》に立《た》ちます。舞台《ぶたい》の上《うえ》で須磨子《すまこ》は演技《えんぎ》ではなく、本当《ほんとう》に泣《な》いてしまいますが、観客《かんきゃく》は大《おお》きな拍手《はくしゅ》を送《おく》りました。

それから須磨子《すまこ》は横浜《よこはま》、横須賀《よこすか》の公演《こうえん》をこなします。しかし、抱月《ほうげつ》の死《し》から2か月後《げつご》の、1919年《ねん》1月《がつ》5日《いつか》、自《みずか》ら命《いのち》を絶《た》ちました。

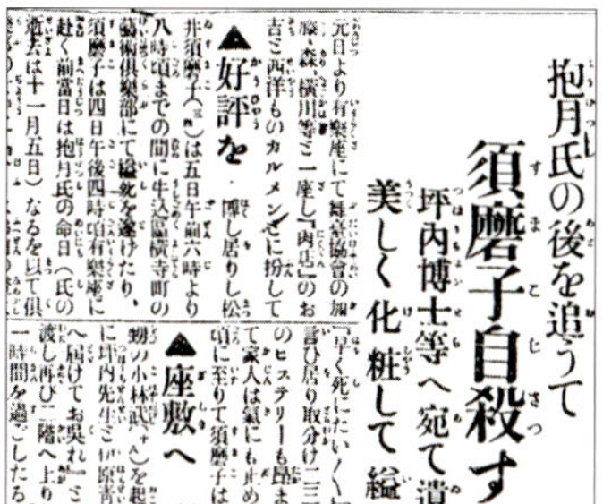

抱月氏の後を追うて
須磨子自殺す
坪内博士等へ宛て遺書
美しく化粧して縊死

元日より有楽座にて藝術協會の加藤・森・横川等と一座し「肉店」のお吉と西洋ものカルメンとに扮して好評を博し居りし松井須磨子(三四)は五日午前六時より八時頃までの間に牛込區横寺町の藝術倶樂部にて縊死を遂げたり、須磨子は四日午後四時頃有楽座に赴く前當日は抱月氏の命日(氏の逝去は十一月五日)なるを以て倶

「早く死にたい〳〵」と口癖の如く言ひ居り取分け二三日前より持病のヒステリーも昂まり居れる事とて家人は氣にも止めざりしが六時頃に至りて須磨子は下

▲座敷へ

降り寝てゐた甥の小林武(十八)を起し「之れを直に坪内先生と伊原青々園先生の許へ届けてお呉れ」と二通の書狀を渡し再び二階へ上りたるが夫より一時間程過ごしたる後雲やの水島

◎我劇壇の天才
松井須磨子死す
―抱月氏の命日に
―後を慕ひて縊死

◇原因

◇有樂座

◇緋の方

須磨子《すまこ》の死《し》を報《ほう》じる1919年《ねん》1月《がつ》6日《むいか》の新聞《しんぶん》（一部《いちぶ》）。東京朝日新聞《とうきょうあさひしんぶん》（右《みぎ》）と、横浜《よこはま》貿易新報《ぼうえきしんぽう》（下《した》）。

川《かわ》上《かみ》貞《さだ》奴《やっこ》

女優《じょゆう》　1871-1946年《ねん》／日本《にほん》（東京出身《とうきょうしゅっしん》）

芸者《げいしゃ》から役者《やくしゃ》へ 海外《かいがい》で大絶賛《だいぜっさん》された女優《じょゆう》・マダム貞奴《さだやっこ》

伊藤博文《いとうひろぶみ》、西園寺公望《さいおんじきんもち》などから気《き》に入《い》られた、日本一《にほんいち》の芸者《げいしゃ》だった。

私《わたし》はこれまでずっと、機会《きかい》さえあれば、女性《じょせい》も男性《だんせい》と同《おな》じようにたくさんのことができるとずっと信《しん》じてきました。

（出典《しゅってん》：レズリー・ダウナー『マダム貞奴《さだやっこ》』木村英明《きむらひであき》 訳《やく》　集英社《しゅうえいしゃ》）

アメリカの雑誌《ざっし》、『ボストン・グローブ』のインタビューに答《こた》えた時《とき》の言葉《ことば》です。アメリカで女性《じょせい》が尊重《そんちょう》されているのを見《み》て、男性《だんせい》の影《かげ》から出《で》られない当時《とうじ》の日本《にほん》の女性《じょせい》にも、同様《どうよう》の機会《きかい》が得《え》られるよう、少《すこ》しでも影響《えいきょう》を及《およ》ぼしたいと、貞奴《さだやっこ》は思《おも》っていました。

貞奴《さだやっこ》は、日本橋人形町《にほんばしにんぎょうちょう》にあった劇場中村座《げきじょうなかむらざ》で、川上音《かわかみおと》二郎《じろう》と出会《であ》い、1891年《ねん》に結婚《けっこん》する。写真《しゃしん》は、茅ヶ崎《ちがさき》の自宅前《じたくまえ》にて。

日本初《にほんはつ》の「女優《じょゆう》」はアメリカから出発《しゅっぱつ》

「女優《じょゆう》」を日本《にほん》で初《はじ》めて職業《しょくぎょう》としたのが川上貞奴《かわかみさだやっこ》です。明治時代《めいじじだい》までは「劇《げき》に出演《しゅつえん》できるのは男性《だんせい》だけ」というしきたりがあったため、貞奴《さだやっこ》のデビューはアメリカでした。「新派劇《しんぱげき》の父《ちち》」とよばれた夫《おっと》・川上音二郎《かわかみおとじろう》の付《つ》き添《そ》いで行《い》った海外興行《かいがいこうぎょう》で、貞奴《さだやっこ》は思《おも》いがけず劇場側《げきじょうがわ》から「看板女優《かんばんじょゆう》」として出演《しゅつえん》を依頼《いらい》され、舞台《ぶたい》に上《あ》がったのです。

貞奴《さだやっこ》は、東京《とうきょう》・日本橋《にほんばし》の両替商《りょうがえしょう》の家《いえ》に生《う》まれました。家《いえ》がつぶれ、養女《ようじょ》に出《だ》された先《さき》で芸者《げいしゃ》となります。美《うつく》しいうえに頭《あたま》もいい貞奴《さだやっこ》は、たちまち売《う》れっ子《こ》になりました。女優《じょゆう》として舞台《ぶたい》に上《あ》がってもみごとな舞《まい》を披露《ひろう》し、アメリカ、ヨーロッパと行《い》く先々《さきざき》で人々《ひとびと》から大絶賛《だいぜっさん》を受《う》けました。

帰国後《きこくご》は、『オセロ』『ハムレット』などの西洋文《せいようぶん》学劇《がくげき》に出演《しゅつえん》して、演技《えんぎ》にみがきをかけながら、帝《てい》国女優養成所《こくじょゆうようせいしょ》を設立《せつりつ》し、女優《じょゆう》の育成《いくせい》に門戸《もんこ》を開《ひら》きました。

1917年《ねん》、女優《じょゆう》を引退《いんたい》しますが、欧米《おうべい》で演《えん》じていた期間《きかん》は女優《じょゆう》のキャリアとして数《かぞ》えず、「海外《かいがい》での脚光《きゃっこう》は日本《にほん》びいきゆえ。実力《じつりょく》ではない」と語《かた》ります。女優《じょゆう》としての誇《ほこ》りがここからうかがえます。

オッペケペー節《ぶし》から新派劇《しんぱげき》へ

貞奴《さだやっこ》の夫《おっと》・川上音二郎《かわかみおとじろう》は、もともと、芝居小屋《しばいごや》でオッペケペーとゆかいな節《ふし》をつけて歌《うた》う、自由民権運動《じゆうみんけんうんどう》の宣伝芝居《せんでんしばい》をしていました。やがて、書生《しょせい》や若《わか》い男性《だんせい》を集《あつ》めて一座《いちざ》を立《た》ち上《あ》げて新《あたら》しい近代演劇《きんだいえんげき》の流《なが》れをつくります。江戸《えど》から続《つづ》く歌《か》舞伎《ぶき》に対《たい》して、音二郎《おとじろう》が率《ひき》いた現代劇《げんだいげき》を「新派劇《しんぱげき》」とよびます。

美空《みそら》ひばり

歌手《かしゅ》 ●1937-1989年《ねん》／日本《にほん》(神奈川出身《かながわしゅっしん》)

荒廃《こうはい》した戦後日本《せんごにほん》のあかり
昭和《しょうわ》とともに歩《あゆ》んだ天才歌手《てんさいかしゅ》

> 歌《うた》をうたうときのわたしが一番気《いちばんき》をつかうのはことばです。

(出典《しゅってん》：『ひばり自伝《じでん》 わたしと影《かげ》』草思社《そうししゃ》)

新《あたら》しい歌《うた》を歌《うた》う時《とき》、ひばりは、詩《し》をよく読《よ》み、その詩《し》の意味《いみ》をつかみ、理解《りかい》を深《ふか》めました。ひばりは自分《じぶん》でも詩《し》を書《か》くことが好《す》きで、ひたむきに言葉《ことば》と向《む》き合《あ》いました。そして、言葉《ことば》とメロディーがぴったり合《あ》うように気《き》を配《くば》りました。幼《おさな》いころから聞《き》く人《ひと》を深《ふか》く感動《かんどう》させる歌唱力《かしょうりょく》をもっていたひばりですが、その背景《はいけい》には、こうした努力《どりょく》があったのです。

慢性肝炎《まんせいかんえん》で入院《にゅういん》、1年間《ねんかん》の療養生活《りょうようせいかつ》の後《あと》、1988年《ねん》4月《がつ》に復帰《ふっき》。復活公演《ふっかつこうえん》「不死鳥《ふしちょう》～翔《と》ぶ!! 新《あたら》しき空《そら》へ向《む》かって」では、5万人《まんにん》のファンの前《まえ》で、35曲《きょく》を歌《うた》い上《あ》げた。

ひばりの歌《うた》が、戦後《せんご》の日本《にほん》を勇気《ゆうき》づけた

小学校《しょうがっこう》に入学《にゅうがく》する前《まえ》から、おとなの流行歌《りゅうこうか》が入《はい》ったレコードをすり切《き》れるまでくり返《かえ》し聞《き》き、自分《じぶん》でも歌《うた》うことが大好《だいす》きでした。

1943年《ねん》、ひばりが6歳《さい》の時《とき》、父《ちち》が戦争《せんそう》に行《い》くことになりました。父《ちち》をはげますための会《かい》で、ひばりは歌《うた》い、出席者《しゅっせきしゃ》の涙《なみだ》をさそいます。それからは、戦争《せんそう》へ行《い》く人《ひと》をはげます会《かい》によばれることが増《ふ》えました。戦後《せんご》、ひばりの父《ちち》は、青空楽團《あおぞらがくだん》（ミソラ楽團《がくだん》）を結成《けっせい》し、地元《じもと》の横浜《よこはま》で歌《うた》わせます。ひばりの歌《うた》の評判《ひょうばん》は芸能界《げいのうかい》にまで届《とど》き、1949年《ねん》、「悲《かな》しき口笛《くちぶえ》」で映画主演《えいがしゅえん》デビューを果《は》たし、主題歌《しゅだいか》が大《だい》ヒットしました。戦後《せんご》の荒《あ》れた日本《にほん》で、多《おお》くの人《ひと》は傷《きず》つきつかれ果《は》てていました。そんななか、ひばりの歌《うた》が人々《ひとびと》を勇気《ゆうき》づけ、歌《うた》とともに日本《にほん》は復興《ふっこう》していったのです。

その後《ご》も映画《えいが》や歌《うた》で大《だい》ヒットを飛《と》ばし、海外《かいがい》の音楽《おんがく》のアレンジ曲《きょく》や、若手《わかて》の人気作曲家《にんきさっきょくか》がつくった歌《うた》を歌《うた》うなど、活動《かつどう》のはばを広《ひろ》げていきました。40代《だい》には、母《はは》、2人《ふたり》の弟《おとうと》、親友《しんゆう》と相次《あいつ》いで身近《みぢか》な人《ひと》を失《うしな》います。悲《かな》しさからお酒《さけ》におぼれ、体調《たいちょう》が悪化《あっか》。しかし、病魔《びょうま》とたたかいながらもステージに立《た》ちました。「東京《とうきょう》キッド」「柔《やわら》」「川《かわ》の流《なが》れのように」など、52歳《さい》で亡《な》くなるまでに多《おお》くのヒット曲《きょく》を残《のこ》しました。国民《こくみん》に夢《ゆめ》と希望《きぼう》をあたえたと、女性初《じょせいはつ》の国民栄誉賞《こくみんえいよしょう》がおくられました。

1949年《ねん》、映画《えいが》「悲《かな》しき口笛《くちぶえ》」に当時《とうじ》12歳《さい》で主演《しゅえん》。同名《どうめい》の主題歌《しゅだいか》が大《だい》ヒットし、人気《にんき》スターになる。

マリアン・アンダーソン

歌手《かしゅ》 ●1897-1993年《ねん》／アメリカ

「100年《ねん》に1人《ひとり》の美声《びせい》」と言《い》われ、黒人《こくじん》で初《はじ》めてメトロポリタン・オペラに出演《しゅつえん》

1940年《ねん》、43歳《さい》の時《とき》のマリアン。

大切《たいせつ》なのは心《こころ》の内《うち》に抱《いだ》いている目標《もくひょう》に対《たい》して、最善《さいぜん》を尽《つ》くす努力《どりょく》をしているかどうかです。

（出典《しゅってん》：『黒人霊歌集《こくじんれいかしゅう》　マリアン・アンダースン』解説書《かいせつしょ》BGM《ビージーエム》）

黒人《こくじん》だからということで、くやしい思《おも》いを何度《なんど》もしたマリアン。マリアンは、どんな困難《こんなん》に出《で》あっても、「自分《じぶん》を大《おお》きな存在《そんざい》にしてくれるチャンスだ」といってその困難《こんなん》に向《む》き合《あ》い、努力《どりょく》する姿勢《しせい》こそが大切《たいせつ》だと語《かた》りました。

1939年《ねん》リンカーン記念堂《きねんどう》の、マリアンの野外《やがい》コンサートのようす。7万《まん》5000人《にん》が会場《かいじょう》をうめつくした。マリアンは、1963年《ねん》、キング牧師《ぼくし》が人種差別撤廃《じんしゅさべつてっぱい》の大行進《だいこうしん》をした時《とき》もここで歌《うた》った。

歌《うた》うことで黒人《こくじん》の世界《せかい》を広《ひろ》げた

マリアンが生《う》まれた時代《じだい》のアメリカは、黒人《こくじん》は、白《はく》人《じん》と同《おな》じ施設《しせつ》を使《つか》うことや同《おな》じ列車《れっしゃ》に乗《の》ることもゆるされず、つける仕事《しごと》もかぎられていました。マリアンは歌《うた》うことで黒人《こくじん》への差別《さべつ》を1つずつ解消《かいしょう》していった黒人歌手《こくじんかしゅ》の先駆者《せんくしゃ》です。

10歳《さい》で父《ちち》を亡《な》くしますが、母《はは》がけんめいに働《はたら》き、マリアンに教育《きょういく》を受《う》けさせました。「黒人《こくじん》の生徒《せいと》はとらない」と音楽学校《おんがくがっこう》に入学《にゅうがく》を拒否《きょひ》された時《とき》も、母《はは》は、願《ねが》うものを実現《じつげん》させる方法《ほうほう》はほかにもあるとマリアンを勇気《ゆうき》づけます。

音楽《おんがく》の本場《ほんば》ヨーロッパで公演《こうえん》を重《かさ》ねるようになっても、演奏会《えんそうかい》のマリアンのようすを「チョコレート色《いろ》の顔《かお》」や「ミルク入《い》りのコーヒー」と書《か》く新聞《しんぶん》がありました。さらに母国《ぼこく》アメリカの差別《さべつ》はヨーロッパのそれよりも、ひどくマリアンの心《こころ》を傷《きず》つけました。マリアンはこらえますが、ついに白人《はくじん》と黒人《こくじん》の席《せき》を区別《くべつ》するホールでは歌《うた》わないと決《き》めます。このようなマリアンの態度《たいど》は、人種差別《じんしゅさべつ》をなくす運動《うんどう》にもつながりました。

生《う》まれもった才能《さいのう》にさらにみがきをかけた、深《ふか》みのあるコントラルト（女性《じょせい》の最低音域《さいていおんいき》）は、人々《ひとびと》に人生《じんせい》の苦《くる》しみと希望《きぼう》を思《おも》い起《お》こさせました。たたかいを好《この》まなかったマリアンが一番《いちばん》えいきょうを受《う》けたのは、信仰深《しんこうぶか》く人《ひと》の善意《ぜんい》を信《しん》じる母親《ははおや》です。家族《かぞく》、信仰《しんこう》、音楽《おんがく》にマリアンは人生《じんせい》を支《ささ》えられました。

▶▶▶ マリアン・アンダーソンの人生《じんせい》をたどってみよう

10歳《さい》 聖歌隊《せいかたい》の子《こ》ども隊員《たいいん》に

歌《うた》が大好《だいす》きなマリアンは、6歳《さい》から地元《じもと》ペンシルベニア州《しゅう》フィラデルフィアで教会《きょうかい》の少年少女聖歌隊《しょうねんしょうじょせいかたい》に入《はい》り歌《うた》います。のびやかな歌声《うたごえ》は評判《ひょうばん》となり、ほかの教会《きょうかい》からもさそわれるようになります。1907年《ねん》、10歳《さい》の時《とき》、フィラデルフィア黒人聖歌隊《こくじんせいかたい》の数少《かずすく》ない子《こ》ども隊員《たいいん》に選《えら》ばれ、おとなにまじって歌《うた》いました。自分《じぶん》のパートはもちろん、ほかの人《ひと》のパートまですべて歌《うた》えるように練習《れんしゅう》するなど、たいへんな努力家《どりょくか》でした。

23歳《さい》 高名《こうめい》な声楽家《せいがくか》が先生《せんせい》に

黒人《こくじん》であるという理由《りゆう》で、マリアンはフィラデルフィア音楽学校《おんがくがっこう》に入学《にゅうがく》を拒否《きょひ》され、ウィリアム・ペン高校《こうこう》に入学《にゅうがく》。学業《がくぎょう》のかたわら、歌手《かしゅ》として教会《きょうかい》や大学《だいがく》のコンサートなどにまねかれて歌《うた》い続《つづ》け、高校《こうこう》の卒業前《そつぎょうまえ》に、高名《こうめい》な声楽家《せいがくか》ポゲッティのレッスンを受《う》けるチャンスにめぐまれます。初《はじ》めは乗《の》り気《き》でなかったポゲッティも、マリアンの歌《うた》を聞《き》くと、教《おし》えることを引《ひ》き受《う》けてくれました。高《たか》いレッスン料《りょう》を用意《ようい》したのは、マリアンの成功《せいこう》を願《ねが》い続《つづ》けた教会《きょうかい》の人《ひと》たちです。

42歳《さい》 リンカーン記念堂《きねんどう》での大規模《だいきぼ》な野外《やがい》コンサート

1924年《ねん》、マリアンは黒人《こくじん》のコンサート歌手《かしゅ》として初《はじ》めて、大手《おおて》レコード会社《がいしゃ》で黒人霊歌《こくじんれいか》のレコーディングをします。歌手《かしゅ》として成功《せいこう》し、ヨーロッパ公演《こうえん》でも大《だい》絶賛《ぜっさん》されます。オーストリアでの公演《こうえん》の時《とき》、世界的《せかいてき》な指揮者《しきしゃ》アルトゥーロ・トスカニーニが来《き》ていて、公演《こうえん》後《ご》のマリアンに「あなたの声《こえ》は100年《ねん》に一度《いちど》しかきけない声《こえ》だ」と話《はな》します。

しかし、母国《ぼこく》アメリカでは、憲法記念《けんぽうきねん》ホールの出演《しゅつえん》を拒否《きょひ》されます。この差別《さべつ》におこった人々《ひとびと》が抗議《こうぎ》し、1939年《ねん》、リンカーン記念堂《きねんどう》での野外《やがい》コンサートが実現《じつげん》しました。これには時《とき》の大統領夫人《だいとうりょうふじん》、エレノア・ルーズベルトが力《ちから》をつくしました。

57歳《さい》 黒人《こくじん》として初《はじ》めてメトロポリタン歌劇場《かげきじょう》に立《た》つ

1955年《ねん》ニューヨークのメトロポリタン歌劇場《かげきじょう》で、マリアンは黒人《こくじん》として初《はじ》めて歌劇《かげき》（オペラ）「仮面舞踏会《かめんぶとうかい》」に出演《しゅつえん》します。歌劇《かげき》の舞台《ぶたい》で歌《うた》うことは、若《わか》いころに「蝶々夫人《ちょうちょうふじん》」の舞台《ぶたい》を見《み》てからのマリアンの夢《ゆめ》でした。マリアンが出演《しゅつえん》したのは、一度《いちど》きりですが、歌劇団《かげきだん》はマリアンを永久《えいきゅう》メンバーにしました。名門歌劇団《めいもんかげきだん》へのマリアンの出演《しゅつえん》は、黒人《こくじん》にあらゆるチャンスへのとびらを開《ひら》いたのです。

マリアンを認《みと》めた世界的《せかいてき》な指揮者《しきしゃ》

アルトゥーロ・トスカニーニ

(1867-1957年《ねん》)

イタリアの指揮者《しきしゃ》。最初《さいしょ》はチェロの演奏者《えんそうしゃ》でしたが、後《のち》に指揮者《しきしゃ》になり、イタリア各地《かくち》でオペラの演奏《えんそう》を指揮《しき》します。ミラノのスカラ座《ざ》、ニューヨーク・フィルハーモニー管弦楽団《かんげんがくだん》、NBC交響楽団《エヌビーシーこうきょうがくだん》などで指揮《しき》をとりました。マリアンがオーストリアで行《おこな》った演奏会《えんそうかい》を聞《き》きに行《い》き、公演後《こうえんご》、マリアンの歌声《うたごえ》を絶賛《ぜっさん》しました。

深《ぶか》い友情《ゆうじょう》で結《むす》ばれた2人《ふたり》

ルーズベルト第《だい》32代大統領夫人《だいだいとうりょうふじん》のエレノアは、マリアンが憲法記念《けんぽうきねん》ホールで歌《うた》うことを拒否《きょひ》した婦人団体《ふじんだんたい》の会員《かいいん》でしたが、この拒否《きょひ》に強《つよ》く抗議《こうぎ》し、団体《だんたい》をやめます。そのことは新聞《しんぶん》で大《おお》きく報道《ほうどう》されました。その後《ご》も、マリアンとエレノアの交流《こうりゅう》は続《つづ》きます。マリアンが演奏会《えんそうかい》で日本《にほん》（東京《とうきょう》）に来《き》ていた時《とき》、エレノアも偶然来日《ぐうぜんらいにち》しており、ホテルもいっしょでした。演奏会《えんそうかい》があることを知《し》ったエレノアは、予定《よてい》を変更《へんこう》してマリアンの演奏会《えんそうかい》にかけつけました。

日本《にほん》での出会《であ》いに喜《よろこ》ぶエレノア（左《ひだり》）とマリアン。

三浦環《みうらたまき》

オペラ歌手《かしゅ》　1884-1946年《ねん》／日本《にほん》(東京出身《とうきょうしゅっしん》)

自由《じゆう》を愛《あい》し、自由《じゆう》に生《い》きた恋多《こいおお》き女性《じょせい》
巨匠《きょしょう》プッチーニが激賞《げきしょう》した、世界的《せかいてき》プリマドンナ

1922年《ねん》に発刊《はっかん》された『三浦環女史大演奏会《みうらたまきじょしだいえんそうかい》　曲目解説《きょくもくかいせつ》』より

わたしは全《すべ》ての弁解《べんかい》をステージでします

（出典《しゅってん》：大庭《おおば》みな子《こ》『人物日本《じんぶつにほん》の女性史《じょせいし》　第《だい》9巻《かん》　芸《げい》の道《みち》ひとすじに』円地文子《えんちふみこ》 監修《かんしゅう》　集英社《しゅうえいしゃ》）

歌唱力《かしょうりょく》のすばらしさだけでなく、男性《だんせい》との交際《こうさい》など私生《しせい》活《かつ》の華《はな》やかさでも注目《ちゅうもく》された環《たまき》ですが、言《い》い訳《わけ》や弁解《べんかい》はしてもきりがないからと一切《いっさい》せず、すべての時間《じかん》を歌《うた》うことに使《つか》いました。いさぎよさをもちながら、終生《しゅうせい》たくさんの求愛者《きゅうあいしゃ》に囲《かこ》まれた愛情《あいじょう》あふれる女性《じょせい》でした。

環《たまき》が演《えん》じた『蝶々夫人《ちょうちょうふじん》』とは?

イタリアの作曲家《さっきょくか》プッチーニ作《さく》のオペラ。海軍士官《かいぐんしかん》の男性《だんせい》と結婚《けっこん》した長崎《ながさき》の芸者《げいしゃ》蝶々《ちょうちょう》の物語《ものがたり》。2人《ふたり》には子《こ》どもが生《う》まれますが、男性《だんせい》はアメリカに帰《かえ》り、別《べつ》の女性《じょせい》と結婚《けっこん》。3年後《ねんご》、男性《だんせい》が再《ふたた》び日本《にほん》にもどってきた時《とき》、蝶々《ちょうちょう》はすべてを知《し》り悲《かな》しみのあまり自害《じがい》してしまいます。

世界《せかい》にはばたいた日本《にほん》の「蝶々夫人《マダム・バタフライ》」

環《たまき》は「蝶々夫人《ちょうちょうふじん》といえば三浦環《みうらたまき》」と、オペラの本場《ほんば》ヨーロッパで賞賛《しょうさん》された日本人《にほんじん》です。13歳《さい》で東京女《とうきょうじょ》学館《がくかん》に入学《にゅうがく》、ここで出会《であ》った音楽《おんがく》の教師《きょうし》の強《つよ》いすすめで、卒業後《そつぎょうご》は上野《うえの》の東京音楽学校《とうきょうおんがくがっこう》に進学《しんがく》します。学校《がっこう》へは当時《とうじ》めずらしかった自転車《じてんしゃ》で通《かよ》ったため、「自転車小町《じてんしゃこまち》」とよばれ話題《わだい》になりました。

1903年《ねん》、音楽学校本科《おんがくがっこうほんか》2年生《ねんせい》の時《とき》、19歳《さい》で日本最《にほんさい》初《しょ》の歌劇《かげき》『オルフィス』の主役《しゅやく》オイリディーツェ役《やく》に選《えら》ばれます。その後《ご》、教師《きょうし》となってからも、数々《かずかず》の音楽《おんがく》会《かい》に出演《しゅつえん》しますが、環《たまき》の才能《さいのう》は夫《おっと》とわたったヨーロッパで花開《はなひら》きます。

ロンドンで最高《さいこう》の指揮者《しきしゃ》から強《つよ》くさそわれて、世界《せかい》の音楽家《おんがくか》たちのあこがれの舞台《ぶたい》であるアルバートホールに出演《しゅつえん》。ロンドン・オペラハウスで『蝶々夫人《ちょうちょうふじん》』を好演《こうえん》した後《のち》は、ニューヨークのメトロポリタン歌劇《かげき》場《じょう》、ローマの帝室劇場《ていしつげきじょう》などにまねかれて歌《うた》い、21年《ねん》間《かん》の海外生活《かいがいせいかつ》で、およそ2000回《かい》もの『蝶々夫人《ちょうちょうふじん》』の舞《ぶ》台《たい》をふむというすばらしい記録《きろく》を残《のこ》しました。

『蝶々夫人《ちょうちょうふじん》』の作曲者《さっきょくしゃ》であるプッチーニは、環《たまき》の歌声《うたごえ》を自分《じぶん》の思《おも》いえがいたマダム・バタフライそのものである、と賞賛《しょうさん》しました。

シャンソン歌手《かしゅ》 ● 1915-1963年《ねん》／フランス

エディット・ピアフ

「愛《あい》の讃歌《さんか》」を世界《せかい》に広《ひろ》めたフランスの国民的歌手《こくみんてきかしゅ》
歌《うた》に生《い》き、愛《あい》に生《い》きた47年《ねん》

後年《こうねん》のエディットは、無名《むめい》の男性歌手《だんせいかしゅ》の才能《さいのう》を見《み》いだし、多《おお》くの一流《いちりゅう》のシャンソン歌手《かしゅ》を育《そだ》て上《あ》げた。

うたうことが生《い》きることだった。

(出典《しゅってん》:『わが愛《あい》の讃歌《さんか》　エディット・ピアフ自伝《じでん》』中井多津夫《なかいたつお》 訳《やく》　晶文社《しょうぶんしゃ》)

幼《おさな》い時《とき》、どんなどん底《ぞこ》にあっても、エディットは歌《うた》っていれば、幸《しあわ》せな気持《きも》ちになりました。申《もう》し分《ぶん》のないくらい幸《しあわ》せな気持《きも》ちです。そのころから、歌《うた》うために生《う》まれてきたのだと思《おも》うようになりました。

路上《ろじょう》からトップスターの階段《かいだん》をかけ上《あ》がる

家《いえ》もなく親戚《しんせき》を転々《てんてん》とした後《あと》、大道芸人《だいどうげいにん》の父《ちち》と放浪《ほうろう》しながら路上《ろじょう》で歌《うた》い、お金《かね》をもらっていたエディットは、20歳《さい》で一流《いちりゅう》クラブに出演《しゅつえん》したのをきっかけに、一気《いっき》にトップスターになります。いつも愛《あい》を求《もと》め、多《おお》くの男性《だんせい》と恋《こい》に落《お》ちますが、長続《ながつづ》きしません。深《ふか》く愛《あい》した相手《あいて》は、飛行機事故《ひこうきじこ》で亡《な》くなりました。彼《かれ》へささげたのが「愛《あい》の讃歌《さんか》」です。悲《かな》しいことにこの不幸《ふこう》がエディットの歌《うた》を成熟《せいじゅく》させました。アルコールと麻薬《まやく》におぼれて命《いのち》をけずったエディットですが、歌《うた》によって生《い》かされ、歌《うた》に生《い》きた人生《じんせい》でした。

シャンソン歌手《かしゅ》・舞台女優《ぶたいじょゆう》 ● 1924-1980年《ねん》／日本《にほん》(東京出身《とうきょうしゅっしん》)

越路吹雪《こしじふぶき》

エディット・ピアフを目標《もくひょう》にし、独自《どくじ》の世界《せかい》をつくり出《だ》した
国民的人気《こくみんてきにんき》を博《はく》した日本《にほん》のシャンソンの女王《じょおう》

コーちゃん、コッシーとよばれ、みんなに愛《あい》されていた。

**人《ひと》に夢《ゆめ》をあたえようと思《おも》ったら、
まず私《わたし》が夢《ゆめ》の世界《せかい》を楽《たの》しまなきゃね。**

(参考《さんこう》:ドラマ「越路吹雪《こしじふぶき》・愛《あい》の生涯《しょうがい》―この命《いのち》燃《も》えつきるまで私《わたし》は歌《うた》う―」

29歳《さい》の吹雪《ふぶき》は、パリで、世界的《せかいてき》なシャンソン歌手《かしゅ》エディット・ピアフの歌《うた》を聞《き》いて衝撃《しょうげき》を受《う》け、自分《じぶん》の存在《そんざい》の小《ちい》ささを感《かん》じてなやみました。しかし、同《おな》じパリでたくさんの舞台《ぶたい》を見《み》た吹雪《ふぶき》は、そのきらめきを吸収《きゅうしゅう》して帰国《きこく》します。吹雪《ふぶき》は舞台《ぶたい》で華《はな》やかに歌《うた》い続《つづ》け、ファンを魅了《みりょう》しました。

シャンソンに命《いのち》をかけた

小《ちい》さいころから歌《うた》が大好《だいす》きで活発《かっぱつ》な少女《しょうじょ》だった吹雪《ふぶき》は、父《ちち》のすすめで宝《たから》塚歌劇団《づかかげきだん》に入団《にゅうだん》しました。越路吹雪《こしじふぶき》という名《な》は、一時期《いちじき》、雪深《ゆきぶか》い新潟《にいがた》に住《す》んでいたことから父《ちち》がつけた芸名《げいめい》です。人《ひと》なつこくおおらかな性格《せいかく》でいつも人気《にんき》がありました。終戦後《しゅうせんご》、花組《はなぐみ》の男役《おとこやく》のトップスターとして演《えん》じた「ミモザの花《はな》」で注目《ちゅうもく》を集《あつ》めます。1951年《ねん》に歌劇団《かげきだん》を退団《たいだん》した後《あと》は、シャンソン歌手《かしゅ》、そしてミュージカル女優《じょゆう》として国民的《こくみんてき》な人気者《にんきもの》となります。とくに日本語《にほんご》の歌詞《かし》で歌《うた》うシャンソンは、聞《き》く人《ひと》の心《こころ》をゆさぶりました。

ガブリエル・シャネル

ファッションデザイナー ●1883-1971年《ねん》／フランス

独自《どくじ》のスタイルをつくり続《つづ》け、20世紀《せいき》の女性《じょせい》の生き方《スタイル》を変《か》えたデザイナー

シャネルはスタイル。
ファッションは移《うつ》り変《か》わるが、
スタイルは永遠《えいえん》

シャネルがうち出《だ》したのは、新《あたら》しい服装《ふくそう》だけではありません。自由《じゆう》な心《こころ》や考《かんが》え方《かた》も生《う》み出《だ》したのでした。変化《へんか》の激《はげ》しいファッションの世界《せかい》にありながらも、流行《りゅうこう》に流《なが》されるのではなく、何《なに》より自分《じぶん》らしさを大切《たいせつ》にし、その姿勢《しせい》を世界《せかい》に発信《はっしん》したのです。

心《こころ》も服《ふく》も自由《じゆう》であることを望《のぞ》んだシャネル

シャネルはファッション界《かい》に革命《かくめい》を起《お》こしたといわれています。それは、常識《じょうしき》とされたことをうち破《やぶ》ってきたからです。

女性《じょせい》のパンツスタイル、ボーダー柄《がら》のマリンルック、着心地《きごこち》がよく、しなやかなジャージー素材《そざい》を使《つか》ったドレスなど、今《いま》でこそ当《あ》たり前《まえ》になったおしゃれですが、当時《とうじ》はたいへんめずらしく、シャネルが自《みずか》ら着《き》こなすことで女性《じょせい》たちの「スタイル」になりました。

それまでの婦人服《ふじんふく》というと、コルセットでウエストをしめ上《あ》げたすその長《なが》いドレス、はくのはかかとの高《たか》い靴《くつ》。動《うご》きやすい服装《ふくそう》ではありませんでした。「わたしは女《おんな》の肉体《にくたい》に自由《じゆう》をもたらしたのよ」というように、シャネルは「女性《じょせい》が自由《じゆう》に生《い》きるための服《ふく》」をデザインしたのです。

女性《じょせい》としても魅力的《みりょくてき》だったシャネルは、多《おお》くの男性《だんせい》と恋《こい》をしましたが、仕事《しごと》と自由《じゆう》を愛《あい》し、生《しょう》がい「マドモアゼル」とよばれました。

ガブリエルが本名《ほんみょう》。「ココ」はよび名《な》。

©Lipnitzki/Roger-Viollet

1913年《ねん》に開《ひら》いた最初《さいしょ》のブティック。

©All Right Reserved

12歳《さい》 孤児院《こじいん》での決意《けつい》

行商人《ぎょうしょうにん》の娘《むすめ》として生《う》まれたシャネルは、母《はは》が若《わか》くして亡《な》くなったため、1895年《ねん》より修道院《しゅうどういん》の孤児院《こじいん》で暮《く》らすことになりました。ここで裁縫《さいほう》の技術《ぎじゅつ》を学《まな》び、たくさんの本《ほん》を読《よ》みながら「自由《じゆう》な生活《せいかつ》」を願《ねが》い、いつかかならず手《て》に入《い》れると決意《けつい》します。修道院《しゅうどういん》での日常《にちじょう》から、「したいことは自分《じぶん》でかなえる」という自立《じりつ》への野《や》心《しん》と、独自《どくじ》の美意識《びいしき》がめばえたのです。

27歳《さい》 出発《しゅっぱつ》は帽子店《ぼうしてん》

やがて孤児院《こじいん》を出《で》て、お針子《はりこ》として働《はたら》き始《はじ》めます。そのかたわら、カフェ・コンセール（お酒《さけ》と歌《うた》が楽《たの》しめる店《みせ》）で歌手《かしゅ》を目指《めざ》したシャネルは、そこで知《し》り合《あ》った名家出身《めいかしゅっしん》の将校《しょうこう》バルサンによって上流階級《じょうりゅうかいきゅう》との交《こう》流《りゅう》を経験《けいけん》します。このころから帽子《ぼうし》をつくり始《はじ》め、そのシンプルなデザインは話題《わだい》となり、多《おお》くの注文《ちゅうもん》を受《う》けるまでになりました。自分《じぶん》の可能性《かのうせい》を信《しん》じ、1910年《ねん》イギリスの青年実業家《せいねんじつぎょうか》カペルの出資《しゅっし》のもと、パリに「シャネル・モード」と名《な》づけた帽子店《ぼうしてん》を開《ひら》き、その後《ご》、服《ふく》やアクセサリーへと、デザインの幅《はば》を広《ひろ》げていきます。

38歳《さい》 香水《こうすい》「シャネル N°5《ナンバーファイブ》」発表《はっぴょう》

ジャージー素材《そざい》のドレス、スポーツやリゾート用《よう》の服《ふく》など、それまでの常識《じょうしき》をくつがえすスタイルをシャネルはつぎつぎと世《よ》に出《だ》します。そして、1921年《ねん》に発表《はっぴょう》したのが香水《こうすい》でした。当時《とうじ》、花《はな》の香《かお》りに似《に》せた香水《こうすい》が多《おお》かったなか、抽象的《ちゅうしょうてき》で新《あたら》しい香《かお》りの登場《とうじょう》に、人々《ひとびと》はおどろき、魅了《みりょう》されます。現在《げんざい》もなお女《じょ》性《せい》たちを魅了《みりょう》し続《つづ》けています。

また、このころ、画家《がか》のピカソ、作曲家《さっきょくか》のストラビンスキーなど新《あたら》しい芸術家《げいじゅつか》たちが多《おお》く現《あらわ》れました。シャネルはそのような芸術家《げいじゅつか》たちとも交流《こうりゅう》を深《ふか》めました。

数字《すうじ》を名前《なまえ》にし、かざりのないボトルに入《い》れた。

©Sem ©CHANEL

1937年《ねん》、友人《ゆうじん》のバレエダンサー、セルジュ・リファールと。

Photo Jean Moral ©Brigitte Moral

56歳《さい》 活動《かつどう》の休止《きゅうし》

喪服《もふく》の色《いろ》とされていた黒《くろ》を用《もち》いた「リトル ブラック ドレス」、快適《かいてき》さと機能性《きのうせい》をかね備《そな》えた「ツイードのスーツ」を発表《はっぴょう》し、順調《じゅんちょう》にブランド「シャネル」の事業《じぎょう》の業績《ぎょうせき》をのばしました。従業員《じゅうぎょういん》は一時期《いちじき》4000人《にん》をこえるほどになります。しかし、第二次世界大《だいにじせかいたい》戦《せん》が起《お》こり、世《よ》の中《なか》が大《おお》きく変《か》わると、パリの店《みせ》を閉《し》め、活動《かつどう》を休止《きゅうし》しました。

71歳《さい》 自分《じぶん》のスタイルを貫《つらぬ》いたカムバック

当時《とうじ》の流行《りゅうこう》に満足《まんぞく》していなかったシャネルは、1954年《ねん》、71歳《さい》でパリのファッション界《かい》にまいもどります。15年《ねん》ぶりのコレクションを開催《かいさい》しました。当初《とうしょ》はきびしい評価《ひょうか》を受《う》けますが、動《うご》きやすくエレガントという自分《じぶん》のスタイルをつらぬいたシャネルの服《ふく》は、新《あたら》しい時代《じだい》の活《かつ》動的《どうてき》な女性《じょせい》たちに支持《しじ》され、世界《せかい》で再《ふたた》び大絶賛《だいぜっさん》されます。シャネルは87歳《さい》で亡《な》くなりますが、死《し》の直前《ちょくぜん》まで次《つぎ》のコレクションの準備《じゅんび》を進《すす》めていました。

多《おお》くの女優《じょゆう》、有名人《ゆうめいじん》がこぞって身《み》に着《つ》けたツイードのスーツ。写真《しゃしん》はフランスの女優《じょゆう》、マリー＝エレーヌ・アルノー。

高《たか》田《だ》喜《き》佐《さ》

シューズデザイナー　1941-2006年《ねん》／日本《にほん》（東京出身《とうきょうしゅっしん》）

靴《くつ》をファンタジーにし 靴《くつ》にデザインを持《も》ちこんだシューズデザイナー

1989年《ねん》にオープンした「ブティックKISSA《キサ》」で。白《しろ》いかべと廃材《はいざい》をしいた床《ゆか》の、現代的《げんだいてき》な美《うつく》しい店《みせ》だった。

人《ひと》は裸足《はだし》で生《う》まれ
裸足《はだし》で死《し》んでいく
その間《あいだ》の生《せい》を　靴《くつ》は共《とも》にする

（出典《しゅってん》：『素足《すあし》が好《す》き』筑摩書房《ちくましょぼう》）

一日《いちにち》を心地《ここち》よく生《い》きるために何《なに》よりも大切《たいせつ》なことは、自分《じぶん》に合《あ》った靴《くつ》をはくことだと喜佐《きさ》は言《い》います。人《ひと》が立《た》ち、歩《ある》くことを、支《ささ》えて守《まも》ってくれるのが靴《くつ》だからです。自分《じぶん》の足《あし》の形《かたち》に合《あ》うことはもちろん、自分《じぶん》の感性《かんせい》に合《あ》う靴《くつ》を喜佐《きさ》も探《さが》し続《つづ》けてきました。

喜佐《きさ》がデザインした楽《たの》しい靴《くつ》（下《した》）。季節《きせつ》のダイレクトメールなどもおしゃれで楽《たの》しい。

靴《くつ》づくりは自分《じぶん》らしさを探《さが》す旅《たび》

詩人《しじん》・高田敏子《たかだとしこ》の次女《じじょ》として喜佐《きさ》は生《う》まれました。おしゃれが大好《だいす》きだった喜佐《きさ》は、1964年《ねん》、多摩美術大学図案科《たまびじゅつだいがくずあんか》を卒業《そつぎょう》すると、婦人靴《ふじんぐつ》のメーカーで働《はたら》き始《はじ》めます。その2年後《ねんご》に東京《とうきょう》・銀座《ぎんざ》で個展《こてん》「靴《くつ》のファンタジー」を開催《かいさい》し、初《はじ》めて靴《くつ》の注文《ちゅうもん》を受《う》けます。これがシューズブランド「KISSA《キサ》」の誕生《たんじょう》です。

機能性《きのうせい》を重視《じゅうし》した靴《くつ》が主流《しゅりゅう》だった1960年代後半《ねんだいこうはん》から1970年代《ねんだい》、喜佐《きさ》はファンタジーを感《かん》じる、色《いろ》あざやかな靴《くつ》をデザインします。はきやすく実用的《じつようてき》なだけでなく見《み》た目《め》も美《うつく》しく楽《たの》しい婦人靴《ふじんぐつ》などを発表《はっぴょう》して、日本《にほん》の婦人靴《ふじんぐつ》の世界《せかい》にデザインを持《も》ちこんだとして評価《ひょうか》されました。1970年代《ねんだい》の終《お》わりごろ、流行《りゅうこう》の最先端《さいせんたん》をいく渋谷《しぶや》のファッションビルに自分《じぶん》の店《みせ》を開《ひら》きます。喜佐《きさ》のおしゃれな靴《くつ》はますます注目《ちゅうもく》されました。

しかし1980年代《ねんだい》の終《お》わりごろ、街中《まちじゅう》に物《もの》があふれ、消費《しょうひ》に加速《かそく》がかかると、喜佐《きさ》は靴《くつ》をつくることに疑問《ぎもん》をいだくようになります。そして、それまでのやり方《かた》を見直《みなお》そうと、店《みせ》を閉《し》め、靴《くつ》と向《む》き合《あ》い、自分《じぶん》が本当《ほんとう》に好《す》きな靴《くつ》を丁寧《ていねい》につくるようになりました。

喜佐《きさ》は、靴《くつ》づくりをしながら、自分《じぶん》を探《さが》す旅《たび》をしていたのです。シューズデザイナーの草分《くさわ》けであり、第一人者《だいいちにんしゃ》だった喜佐《きさ》は、エッセイストとしても活《かつ》やくし、『靴《くつ》を探《さが》しに』『素足《すあし》が好《す》き』など何冊《なんさつ》かの著書《ちょしょ》を残《のこ》しています。

映画衣装《えいがいしょう》デザイナー　● 1897-1981年《ねん》／アメリカ

イーディス・ヘッド

アカデミー賞《しょう》を8回受賞《かいじゅしょう》した
ハリウッドの「ドレス博士《はかせ》」

受賞《じゅしょう》した8つのオスカー像《ぞう》とイーディス。

演技《えんぎ》する俳優《はいゆう》たちがキャラクターになりきるために手助《てだす》けするのが仕事《しごと》。

（出典《しゅってん》：川本恵子《かわもとけいこ》『魅惑《みわく》という名《な》の衣裳《いしょう》』キネマ旬報社《じゅんぽうしゃ》）

脚本《きゃくほん》に忠実《ちゅうじつ》に、登場人物《とうじょうじんぶつ》のキャラクターを衣装《いしょう》で形《かたち》づくるというのがイーディスの考《かんが》え方《かた》でした。しかも、俳優《はいゆう》の美《うつく》しさが自然《しぜん》に引《ひ》き出《だ》されるようにデザインしたので、俳優《はいゆう》たちは自信《じしん》をもって演技《えんぎ》することができたと言《い》います。

裏方《うらかた》に徹《てっ》して衣装《いしょう》をデザインし続《つづ》けた

イーディスは、デザイナーになり1981年《ねん》に亡《な》くなるまでの58年間《ねんかん》、映画《えいが》づくりの裏方《うらかた》として活《かつ》やくしました。500本以上《ほんいじょう》の映画《えいが》に関《かか》わり、34作品《さくひん》でアカデミー賞衣装《しょういしょう》デザイン賞《しょう》にノミネートされ、8回受賞《かいじゅしょう》しました。1950年《ねん》にはカラーとモノクロの2つの作品《さくひん》で受賞《じゅしょう》。イーディスはシンプルな衣装《いしょう》で俳優《はいゆう》の魅《み》力《りょく》を引《ひ》き出《だ》すことを追求《ついきゅう》して、飾《かざ》りたてる衣装《いしょう》が当《あ》たり前《まえ》だったハリウッドを変《か》えていきました。グレース・ケリーやエリザベス・テーラーなどの大女優《だいじょゆう》もイーディスに厚《あつ》い信頼《しんらい》を寄《よ》せました。オードリー・ヘップバーンが、映画《えいが》「麗《うるわ》しのサブリナ」ではいたパンツは大流行《だいりゅうこう》しました。

アートディレクター・デザイナー　● 1938-2012年《ねん》／日本《にほん》（東京出身《とうきょうしゅっしん》）

石岡瑛子《いしおかえいこ》

1つクリアできたら、さらに高《たか》みを目指《めざ》す
決《けっ》して妥協《だきょう》を許《ゆる》さず、革新《かくしん》を求《もと》めた美《び》の創造者《そうぞうしゃ》

映画《えいが》「ドラキュラ」や北京《ペキン》オリンピック開会式《かいかいしき》の衣《い》装《しょう》も手《て》がけた。

誰《だれ》にもまねできない、革命的《かくめいてき》な、時代《じだい》をこえる。

（参考《さんこう》：NHK「プロフェッショナル 仕事《しごと》の流儀《りゅうぎ》」）

オペラの舞台美術《ぶたいびじゅつ》からオリンピック開会式《かいかいしき》のコスチュームまで、瑛子《えいこ》は世《せ》界《かい》を舞台《ぶたい》にする大《おお》きな仕事《しごと》をデザインで支《ささ》えてきました。アイデアをひねり出《だ》す時《とき》のモットーが上《うえ》の3つです。

世界《せかい》の一流《いちりゅう》アーティストと共同《きょうどう》でつくる喜《よろこ》び

瑛子《えいこ》は、東京芸術大学美術学部卒業後《とうきょうげいじゅつだいがくびじゅつがくぶそつぎょうご》、資生堂《しせいどう》に入社《にゅうしゃ》します。面接試験《めんせつしけん》の時《とき》に、「女性《じょせい》であるために、グラフィックデザイン以外《いがい》の仕事《しごと》で働《はたら》かされることのないよう希望《きぼう》します」ときっぱり発言《はつげん》し、人事採用者《じんじさいようしゃ》をおどろかせました。入社後《にゅうしゃご》は、グラフィックデザイナーとして、つぎつぎにキャンペーン広告《こうこく》をつくり活《かつ》やくします。独立《どくりつ》後も革命的《かくめいてき》な表現《ひょうげん》で注目《ちゅうもく》を集《あつ》め、1980年《ねん》ごろには拠《きょ》点《てん》をニューヨークに移《うつ》します。ジョージ・ルーカス、フランシス・F・コッポラをはじめとした世界的《せかいてき》アーティストと仕事《しごと》をし、高《たか》く評価《ひょうか》されました。

羽田澄子《はねだすみこ》

記録映画作家《きろくえいがさっか》 1926年《ねん》-／日本《にほん》(中国《ちゅうごく》・大連出身《だいれんしゅっしん》)

古典芸能《こてんげいのう》・美術《びじゅつ》から介護《かいご》、福祉《ふくし》、高齢者問題《こうれいしゃもんだい》まで約《やく》100本《ぽん》の記録映画《きろくえいが》を制作《せいさく》

映画《えいが》をつくることはその人《ひと》たちと一生《いっしょう》の付《つ》き合《あ》いをすることなのだ。

（出典《しゅってん》：『映画《えいが》と私《わたし》』晶文社《しょうぶんしゃ》）

男性社会《だんせいしゃかい》だった映画《えいが》の世界《せかい》で、監督《かんとく》としてスタッフに自分《じぶん》の考《かんが》えを納得《なっとく》させるのは容易《ようい》ではなかったと言《い》う。1993年撮影《ねんさつえい》。

ドキュメンタリーは、撮《と》る人《ひと》、撮《と》られる人《ひと》のたがいの信頼関係《しんらいかんけい》のうえに成《な》り立《た》つものでなければならないと考《かんが》え、映画《えいが》づくりに取《と》り組《く》んできました。映画《えいが》をつくることで、問題《もんだい》をかかえる人《ひと》たちの力《ちから》になりたい、見《み》る人《ひと》の心《こころ》に何《なに》かを残《のこ》したいという思《おも》いをもち続《つづ》けてきました。

記録映画《きろくえいか》でさまざまな問題《もんだい》を提起《ていき》

父《ちち》の仕事《しごと》の関係《かんけい》で中国《ちゅうごく》の大連《だいれん》で生《う》まれ育《そだ》ちます。女学校《じょがっこう》を卒業後《そつぎょうご》、進歩的《しんぽてき》な教育《きょういく》をしていた東京《とうきょう》の自由学園《じゆうがくえん》に進学《しんがく》。卒業後《そつぎょうご》、恩師《おんし》の羽仁説子《はにせつこ》にすすめられ、創立《そうりつ》されたばかりの岩波映画製作所《いわなみえいがせいさくしょ》に入社《にゅうしゃ》します。31歳《さい》で映画《えいが》「村《むら》の婦人学級《ふじんがっきゅう》」を初《はじ》めて演出《えんしゅつ》して以来《いらい》、約《やく》60年《ねん》にわたり100本近《ぽんちか》くのドキュメンタリー映画《えいが》を制作《せいさく》しています。女性《じょせい》の映画監督《えいがかんとく》がほとんどいない男性《だんせい》ばかりの世界《せかい》で、1本《ぽん》1本《ぽん》の映画《えいが》を夢中《むちゅう》で、脇目《わきめ》もふらずに撮《と》っていきました。定年退職後《ていねんたいしょくご》は、夫《おっと》・工藤充《くどうみつる》に予算管理《よさんかんり》などの業務《ぎょうむ》をたくし、自主制作《じしゅせいさく》を続《つづ》けます。おもな作品《さくひん》に認知症患者《にんちしょうかんじゃ》の病棟《びょうとう》で撮《と》った『痴呆性老人《ちほうせいろうじん》の世界《せかい》』や『安心《あんしん》して老《お》いるために』、人物《じんぶつ》の内面《ないめん》までうつし出《だ》した『そしてAKIKOは…―あるダンサーの肖像《しょうぞう》』、歌舞伎界《かぶきかい》の最長老《さいちょうろう》を亡《な》くなるまで撮影《さつえい》した『歌舞伎役者《かぶきやくしゃ》 片岡仁左衛門《かたおかにざえもん》』、『薄墨《うすずみ》の桜《さくら》』などがあり、美術《びじゅつ》、芸術《げいじゅつ》をはじめ、老《お》いや福祉《ふくし》などをテーマにした作品《さくひん》を発表《はっぴょう》し続《つづ》けています。日本社会《にほんしゃかい》の問題《もんだい》をうかび上《あ》がらせた作品《さくひん》は高《たか》く評価《ひょうか》され、文化《ぶんか》記録映画大賞《きろくえいがたいしょう》などかずかずの賞《しょう》を受賞《じゅしょう》しています。

1957年《ねん》、初《はじ》めての監督作品《かんとくさくひん》「村《むら》の婦人学級《ふじんがっきゅう》」の滋賀県甲西町岩根《しがけんこうせいまちいわね》での撮影《さつえい》のようす。正面《しょうめん》を向《む》いているのが澄子《すみこ》。

1980年《ねん》「早池峰《はやちね》の賦《ふ》」の撮影《さつえい》。岩手県早池峰山《いわてけんはやちねさん》の山伏神楽伝承者《やまぶしかぐらでんしょうしゃ》たちの暮《く》らしをえがいた。髙野悦子《たかのえつこ》が総支配人《そうしはいにん》を務《つと》める岩波《いわなみ》ホールで上映《じょうえい》された作品《さくひん》。

笹本恒子《ささもとつねこ》

フォトジャーナリスト　1914年《ねん》-／日本《にほん》(東京出身《とうきょうしゅっしん》)

仕事《しごと》を極《きわ》めた人《ひと》を次《つぎ》の世代《せだい》に伝《つた》えたい、
日本《にほん》で初《はつ》の女性報道写真家《じょせいほうどうしゃしんか》は、100歳《さい》を超《こ》えてなお現役《げんえき》

(撮影：小西康夫)

フィルムカメラからデジタルカメラへ持《も》ちかえた。

何《なん》でもいいのよ、挑戦《ちょうせん》すれば。

(出典《しゅってん》：『99歳《さい》、現在進行形《げんざいしんこうけい》ね。』小学館《しょうがくかん》)

恒子《つねこ》は、本来《ほんらい》の夢《ゆめ》であった絵描《えか》きにはなりませんでしたが、報道写真家《ほうどうしゃしんか》になったのも、さまざまな仕事《しごと》をすることになったのも、つねに「挑戦《ちょうせん》する」という精神《せいしん》があったからこそです。どんなことでも、まずはやってみることだと恒子《つねこ》は言《い》います。

度胸《どきょう》と努力《どりょく》で、とことんやりぬく

油絵《あぶらえ》の勉強《べんきょう》をしながら新聞《しんぶん》に挿絵《さしえ》を描《か》いていた恒子《つねこ》は、写真協会《しゃしんきょうかい》*にさそわれて26歳《さい》で日本初《にほんはつ》の女性報道写真家《じょせいほうどうしゃしんか》になりました。写真《しゃしん》は未経験《みけいけん》でしたが、好奇心旺盛《こうきしんおうせい》な恒子《つねこ》は、油絵《あぶらえ》の経験《けいけん》を生《い》かし、すぐにプロとして戦時中《せんじちゅう》の歴史的場面《れきしてきばめん》を撮影《さつえい》します。終戦後《しゅうせんご》は千葉新聞社会部《ちばしんぶんしゃかいぶ》の記者《きしゃ》、婦人民主新聞《ふじんみんしゅしんぶん》の仕事《しごと》を経《へ》て、フリーのフォトジャーナリストとして活《かつ》やくします。一時期仕事《いちじきしごと》を離《はな》れ、別《べつ》の職業《しょくぎょう》についたこともありましたが、71歳《さい》で復帰《ふっき》。100歳《さい》を超《こ》えても現役《げんえき》のフォトジャーナリストとして活《かつ》やくしています。

＊1938年《ねん》に設立《せつりつ》。戦時中《せんじちゅう》はその戦局《せんきょく》や、日本《にほん》の文化《ぶんか》を海外《かいがい》に報道《ほうどう》していた内閣《ないかく》の情報機関《じょうほうきかん》で、今《いま》はない。

髙野悦子《たかのえつこ》

映画館総支配人《えいがかんそうしはいにん》　1929-2013年《ねん》／日本《にほん》(満州出身《まんしゅうしゅっしん》・今《いま》の中国東北部《ちゅうごくとうほくぶ》)

生《しょう》がい映画《えいが》と関《かか》わり続《つづ》け、名作《めいさく》を発掘《はっくつ》し、
女性《じょせい》の映画界《えいがかい》への進出《しんしゅつ》を支《し》えんした

岩波《いわなみ》ホールの事務室《じむしつ》で、打《う》ち合《あ》わせ中《ちゅう》の悦子《えつこ》。

「女《おんな》はダメ」に反射的《はんしゃてき》に発奮《はっぷん》するのは私《わたし》の「三《み》つ子《ご》の魂《たましい》」です。

(出典《しゅってん》：古舘謙二《ふるだてけんじ》 編《へん》『語《かた》るには若《わか》すぎますがⅡ』河出書房新社《かわでしょぼうしんしゃ》)

12歳《さい》で海軍兵学校《かいぐんへいがっこう》を目指《めざ》した時《とき》も、映画制作会社《えいがせいさくがいしゃ》に入社後《にゅうしゃご》の映画監督《えいがかんとく》になりたいという希望《きぼう》もかないませんでした。理由《りゆう》は「女《おんな》だから」。「女《おんな》はダメ」と言《い》われるたびに悦子《えつこ》は自分《じぶん》を奮《ふる》い立《た》たせてきました。「あなたががんばればよいことよ」と言《い》ってくれた母《はは》の言葉《ことば》が支《ささ》えでした。

夢《ゆめ》をあきらめず、映画《えいが》に関《かか》わる仕事《しごと》を

映画監督《えいがかんとく》になる夢《ゆめ》を捨《す》てられなかった悦子《えつこ》は、5年間勤《ねんかんつと》めた映画会社《えいががいしゃ》・東宝《とうほう》を退社《たいしゃ》。29歳《さい》でフランスに留学《りゅうがく》し、映画学校《えいががっこう》で監督科《かんとくか》に学《まな》びました。しかし、帰国後《きこくご》、努力《どりょく》しても監督《かんとく》の仕事《しごと》にはつけませんでした。監督助手《かんとくじょしゅ》、テレビドラマの脚本《きゃくほん》などを手《て》がけ、映画《えいが》と関《かか》わります。1968年岩波《ねんいわなみ》ホール創立《そうりつ》と同時《どうじ》に総支配人《そうしはいにん》に就任《しゅうにん》。約《やく》50年間《ねんかん》、大作《たいさく》や有名監督《ゆうめいかんとく》の作品《さくひん》ではなく、上映《じょうえい》される機会《きかい》の少《すく》ない世界《せかい》のうもれた名作《めいさく》を積極的《せっきょくてき》に取《と》り上《あ》げ、上映《じょうえい》を続《つづ》けました。また女性監督進出《じょせいかんとくしんしゅつ》の支《し》えんをして、映画《えいが》の世界《せかい》につくしました。

山口小夜子《やまぐちさよこ》

ファッションモデル・パフォーマー　日本《にほん》（神奈川出身《かながわしゅっしん》）

洋服《ようふく》を見《み》せるだけではない、音楽《おんがく》や映像《えいぞう》、ダンス、文学《ぶんがく》を、自分《じぶん》の体《からだ》で〝表現《ひょうげん》〟した「着《き》る人《ひと》」

かざらない唇ほど美しい。
資生堂[京紅]
12,000円
（撮影：横須賀功光）
資生堂《しせいどう》の専属《せんぞく》モデルとなった時《とき》のポスター。

> 私《わたし》は地球上《ちきゅうじょう》にあるものなら何《なん》でも着《き》られると思《おも》う。

（出典《しゅってん》：横須賀功光写真集《よこすかのりあきしゃしんしゅう》『小夜子《さよこ》』巻末《かんまつ》インタビュー）

「空気《くうき》や水《みず》、映像《えいぞう》や音楽《おんがく》だって着《き》られる」と小夜子《さよこ》は話《はな》しています。服《ふく》を着《き》るように水《みず》を着《き》る、音楽《おんがく》を着《き》る。それは、なにかと身体《からだ》が一体《いったい》になる、「着《き》る」ということをつきつめた小夜子《さよこ》の表現方法《ひょうげんほうほう》なのでしょう。

すべてのものとつながる表現者《ひょうげんしゃ》

小夜子《さよこ》は、母《はは》がつくる服《ふく》を身《み》につけるのが好《す》きな少女《しょうじょ》でした。1970年《ねん》ごろ、ファッションデザイナー・山本寛斎《やまもとかんさい》の仮縫《かりぬ》いの服《ふく》を着《き》たことがきっかけで、モデルとなります。1972年《ねん》、パリのコレクションに初《はじ》めて登場《とうじょう》すると、小夜子《さよこ》の黒髪《くろかみ》や日本人《にほんじん》らしい顔立《かおだ》ちが鮮烈《せんれつ》な印象《いんしょう》をあたえ、一躍《いちやく》トップモデルになります。1977年《ねん》からは演劇《えんげき》やダンスにも挑戦《ちょうせん》していきます。小夜子《さよこ》は、2007年《ねん》に亡《な》くなるまで「ウェアリスト（着《き》る人《ひと》）」として、音楽《おんがく》や映像《えいぞう》、ダンス、文学《ぶんがく》などと一体化《いったいか》するような表現《ひょうげん》をしていきました。

山野千枝子《やまのちえこ》

美容家《びようか》　1895-1970年《ねん》／日本《にほん》（神奈川出身《かながわしゅっしん》）

日本《にほん》の女性《じょせい》をもっときれいに、もっとイキイキさせたい！美容師《びようし》、美容院《びよういん》という言葉《ことば》を日本《にほん》で初《はじ》めて広《ひろ》めた

今《いま》のヘアメイクアーティストのさきがけとなった千枝子《ちえこ》。

> 美容《びよう》とはかくされている個性美《こせいび》をひきだし、失《うしな》われた美《び》をとりもどすことです

（参考《さんこう》：『光《ひかり》を求《もと》めて　美容《びよう》と共《とも》に三十五年《さんじゅうごねん》』サロン・ド・ボーテ）

1910年代《ねんだい》のニューヨークで、千枝子《ちえこ》はいきいきと活動《かつどう》するアメリカ人《じん》女性《じょせい》の美《うつく》しさにおどろきました。千枝子《ちえこ》は日本女性《にほんじょせい》の美《び》を国際的《こくさいてき》な水準《すいじゅん》にまで高《たか》め、女性《じょせい》が自分《じぶん》らしい個性美《こせいび》を求《もと》められる社会《しゃかい》にしたいと志《こころざ》し、一生《いっしょう》を美容《びよう》にささげました。

ニューヨークで美容師《びようし》として出発《しゅっぱつ》

港町《みなとまち》・横浜《よこはま》で生《う》まれ育《そだ》った千枝子《ちえこ》は、幼《おさな》いころから海外《かいがい》にあこがれていました。女学校卒業後《じょがっこうそつぎょうご》、結婚《けっこん》し、夫《おっと》とともにニューヨークにわたります。アメリカでもめずらしかったパーマネントなどの技術《ぎじゅつ》を身《み》につけて1922年《ねん》に帰国《きこく》。できたばかりの東京駅前《とうきょうえきまえ》の丸《まる》ビルに日本初《にほんはつ》の「丸ノ内美容院《まるのうちびよういん》」を開業《かいぎょう》し、話題《わだい》となりました。国産初《こくさんはつ》のパーマネント機《き》の開発《かいはつ》や美容師《びようし》の育成《いくせい》にもつとめ、美容師《びようし》という職業《しょくぎょう》を確立《かくりつ》させます。さらに、モデルによるファッションショーを行《おこな》うなど、洋式《ようしき》の髪型《かみがた》や服装《ふくそう》の普及《ふきゅう》にも努力《どりょく》しました。

江上《えがみ》トミ

料理研究家《りょうりけんきゅうか》　1899-1980年《ねん》／日本《にほん》（熊本出身《くまもとしゅっしん》）

料理研究家《りょうりけんきゅうか》の元祖《がんそ》。世界中《せかいじゅう》をわたり歩《ある》き
本場《ほんば》の味《あじ》を追求《ついきゅう》した原点《げんてん》には、豊《ゆた》かな家庭《かてい》づくりがあった

あたたかい〝おふくろさん〟のキャラクターだった。

料理《りょうり》は歴史《れきし》の結晶《けっしょう》です。

（出典《しゅってん》：津谷明石《つやあかし》『江上《えがみ》トミの料理一路《りょうりいちろ》』）

トミは、日本各地《にほんかくち》、世界《せかい》59か国《こく》をめぐり、本場《ほんば》の料理《りょうり》をとことん追求《ついきゅう》しました。料理《りょうり》は、その国《くに》や地方《ちほう》の風土《ふうど》や歴史《れきし》、生活《せいかつ》を通《とお》してつくられた文化《ぶんか》だというのが持論《じろん》だからです。戦争《せんそう》を体験《たいけん》したトミは、食文化《しょくぶんか》の豊《ゆた》かさを家庭《かてい》に根《ね》づかせ、幸《しあわ》せな家庭《かてい》づくりの助《たす》けになりたい一心《いっしん》でした。

家庭《かてい》の幸《しあわ》せは料理《りょうり》から

トミは、熊本県《くまもとけん》の裕福《ゆうふく》な地主《じぬし》の７人《にん》きょうだいの６番目《ばんめ》に生《う》まれました。生《う》まれ育《そだ》った土地《とち》は、米《こめ》や野菜《やさい》づくりがさかんに行《おこな》われ、魚介類《ぎょかいるい》も豊富《ほうふ》で、食材《しょくざい》にめぐまれていました。結婚後《けっこんご》、パリに赴任《ふにん》した夫《おっと》に同行《どうこう》し、フランス料理《りょうり》を学《まな》び、1929年《ねん》に帰国後《きこくご》、自宅《じたく》で料理教室《りょうりきょうしつ》を開《ひら》きます。戦後《せんご》は夫《おっと》が仕事《しごと》をやめたため、トミが一家《いっか》の大黒柱《だいこくばしら》になります。1955年《ねん》、東京《とうきょう》で料理学院《りょうりがくいん》「江上料理学院《えがみりょうりがくいん》」を開《ひら》き、家庭料理《かていりょうり》の普及《ふきゅう》につくしました。このころ、日本初《にほんはつ》のテレビ料理番組《りょうりばんぐみ》に講師《こうし》として出演《しゅつえん》、一躍有名《いちやくゆうめい》になります。

小林《こばやし》カツ代《よ》

料理研究家《りょうりけんきゅうか》　1937-2014年《ねん》／日本《にほん》（大阪出身《おおさかしゅっしん》）

おいしいと感《かん》じることでおとなも子《こ》どもも幸《しあわ》せになる！
工夫《くふう》され、研究《けんきゅう》されつくした調理法《ちょうりほう》で家庭料理《かていりょうり》を革新《かくしん》！

カツ代《よ》の周《まわ》りにはいつも笑《わら》い声《ごえ》があふれていた。

「おいしい」料理《りょうり》がいちばん大事《だいじ》。

（出典《しゅってん》：学《まな》びの場《ば》.com）

家庭《かてい》と仕事《しごと》の両立《りょうりつ》は、人《ひと》が生《い》きていくうえで重要《じゅうよう》なテーマです。忙《いそが》しくて余裕《よゆう》がない時《とき》でも、おいしいと感《かん》じることでみんなが幸《しあわ》せになり、元気《げんき》になる。カツ代《よ》はつねに、それを伝《つた》えてきました。

だれがごはんをつくったっていいじゃない

製菓材料《せいかざいりょう》の問屋《とんや》に生《う》まれたカツ代《よ》は、食道楽《しょくどうらく》の父《ちち》と料理上手《りょうりじょうず》な母《はは》のおかげで、小《ちい》さいころからおいしいものを食《た》べて育《そだ》ちました。しかし若《わか》いころは絵描《えか》き志望《しぼう》で、料理《りょうり》に関心《かんしん》がなく、結婚当初《けっこんとうしょ》、自分《じぶん》でつくったみそ汁《しる》のまずさにおどろき、八百屋《やおや》さんや肉屋《にくや》さんなど身近《みぢか》な料理上手《りょうりじょうず》に教《おそ》わりながら料理《りょうり》の腕《うで》をみがいていきました。当時《とうじ》は、働《はたら》く女性《じょせい》が増《ふ》えてきたころ。それなのになお、〝料理《りょうり》は女性《じょせい》の仕事《しごと》である〟という社会《しゃかい》の空気《くうき》がありました。カツ代《よ》は、だれが料理《りょうり》をしてもいいじゃないと、簡単《かんたん》につくれる料理《りょうり》をつぎつぎに考案《こうあん》していきます。200冊《さつ》を超《こ》える料理本《りょうりぼん》やエッセー本《ぼん》を出《だ》し、今《いま》も多《おお》くの家庭《かてい》で、カツ代《よ》レシピ料理《りょうり》はつくり続《つづ》けられています。

人《ひと》見《み》絹《きぬ》枝《え》

陸上選手《りくじょうせんしゅ》・記者《きしゃ》　1907-1931年《ねん》／日本《にほん》(岡山出身《おかやましゅっしん》)

オリンピックで日本人女性《にほんじんじょせい》として初《はつ》のメダル獲得《かくとく》
女性《じょせい》アスリートのパイオニア！

いくらでもののしれ！
しかし私《わたし》の後《あと》から生《う》まれてくる
若《わか》い選手《せんしゅ》には
指《ゆび》一《ひと》つ触《ふ》れさせない。

(参考《さんこう》：『人見絹枝《ひとみきぬえ》―炎《ほのお》のスプリンター』日本図書《にほんとしょ》センター)

1920年代《ねんだい》の日本《にほん》には、「女性《じょせい》がスポーツをすることははしたない」という風潮《ふうちょう》がありました。絹枝《きぬえ》にも「人前《ひとまえ》で太《ふと》ももを出《だ》すなどはじ知《し》らずだ」という批判《ひはん》が寄《よ》せられました。そうした声《こえ》にはくっせず、絹枝《きぬえ》は女性《じょせい》の陸上選手《りくじょうせんしゅ》を育《そだ》てるために命《いのち》がけで努力《どりょく》しました。

スポーツで、日本女《にほんじょ》性《せい》の存在《そんざい》を初《はじ》めて世《せ》界《かい》に示《しめ》した絹枝《きぬえ》。

へん見《けん》に負《ま》けず、走《はし》って、とんで、投《な》げた

ずばぬけて高《たか》い身体能力《しんたいのうりょく》のもち主《ぬし》だった絹枝《きぬえ》は、岡山高等女学校《おかやまこうとうじょがっこう》に入学《にゅうがく》してから４年間《ねんかん》、自宅《じたく》から学校《がっこう》までの往復《おうふく》12kmを歩《ある》いて通学《つうがく》しました。４年生《ねんせい》の時《とき》、出場《しゅつじょう》した県大会《けんたいかい》の走《はし》り幅《はば》とびで、絹枝《きぬえ》は非公式《ひこうしき》ながら日本《にほん》の女子最高記録《じょしさいこうきろく》を出《だ》して注目《ちゅうもく》を集《あつ》めます。

二階堂体操塾《にかいどうたいそうじゅく》（今《いま》の日本女子体育大学《にほんじょしたいいくだいがく》）で陸上競技《りくじょうきょうぎ》の教育《きょういく》を受《う》けた絹枝《きぬえ》は、一時《いちじ》、教師《きょうし》になりますが、1926年《ねん》、大阪毎日新聞社《おおさかまいにちしんぶんしゃ》に入社《にゅうしゃ》して、運動部《うんどうぶ》に配属《はいぞく》されます。日本《にほん》の女性《じょせい》スポーツ記者第一号《きしゃだいいちごう》として活《かつ》やくしながら、世界《せかい》の陸上競技会《りくじょうきょうぎかい》にも出場《しゅつじょう》しました。同《おな》じ年《とし》、スウェーデンで開催《かいさい》された第《だい》２回《かい》国際女子競技大会《こくさいじょしきょうぎたいかい》では、日本《にほん》から１人《ひとり》で参加《さんか》し、走《はし》り幅《はば》とび、立《た》ち幅《はば》とび、円盤投《えんばんな》げのすべてに好成績《こうせいせき》をおさめ、総合《そうごう》１位《い》の栄冠《えいかん》を手《て》にします。1928年《ねん》には、第《だい》９回《かい》オリンピック・アムステルダム大会《たいかい》に、日本女性《にほんじょせい》として初出場《はつしゅつじょう》し、800m走《そう》で銀《ぎん》メダルを獲得《かくとく》しました。その前《まえ》の100m走《そう》に敗《やぶ》れ、「これでは日本《にほん》に帰《かえ》れない」と思《おも》い、未経験《みけいけん》の800mに出場《しゅつじょう》し、やっと手《て》に入《い》れた銀《ぎん》メダルだったのです。

その後《ご》も絹枝《きぬえ》は女子陸上《じょしりくじょう》のために奮闘《ふんとう》しますが、競技大会《きょうぎたいかい》が続《つづ》き体調《たいちょう》が悪化《あっか》、惜《お》しまれながらも24歳《さい》の短《みじか》い生《しょう》がいを閉《と》じました。

第《だい》９回《かい》オリンピック・アムステルダム大会《たいかい》の800m走予選《そうよせん》のようす。

＊アムステルダム大会《たいかい》の写真《しゃしん》は、日本女子体育大学《にほんじょしたいいくだいがく》『人見絹枝《ひとみきぬえ》　生誕《せいたん》100年記念誌《ねんきねんし》』作成時《さくせいじ》の記録《きろく》データを使用《しよう》していますが、所蔵先《しょぞうさき》は不明《ふめい》です。関係者《かんけいしゃ》の方《かた》はお知《し》らせください。

前畑秀子《まえはたひでこ》

水泳選手《すいえいせんしゅ》 ●1914-1995年《ねん》／日本《にほん》（和歌山出身《わかやましゅっしん》）

日本中《にほんじゅう》が熱狂《ねっきょう》した
「前畑《まえはた》ガンバレ！」のラジオ中継《ちゅうけい》

オリンピック・ベルリン大会《たいかい》の時《とき》の秀子《ひでこ》。（提供：椙山歴史文化館）

他人《たにん》に勝《か》つよりも
自分《じぶん》に勝《か》つことのほうがむずかしい

（出典《しゅってん》：『前畑《まえはた》は二度《にど》がんばりました－勇気《ゆうき》、涙《なみだ》、そして愛《あい》』ごま書房《しょぼう》）

２度目《どめ》のオリンピック、ベルリン大会《たいかい》に出場《しゅつじょう》した秀子《ひでこ》は、重《おも》いプレッシャーに押《お》しつぶされそうになります。しかし、「だれよりも練習《れんしゅう》してきたのだから、負《ま》けるはずはない」と気持《きも》ちを切《き》りかえ、力《ちから》を出《だ》し切《き》りました。

たった１人《ひとり》で挑戦《ちょうせん》したオリンピック

幼《おさな》いころから家《いえ》の近《ちか》くの紀ノ川《きのかわ》で泳《およ》いでいた秀子《ひでこ》は、小学校高学年《しょうがっこうこうがくねん》の時《とき》にすばらしい記録《きろく》を出《だ》し、天才水泳選手《てんさいすいえいせんしゅ》と話題《わだい》になりました。しかし17歳《さい》で両親《りょうしん》を亡《な》くすという不幸《ふこう》にあい、深《ふか》い悲《かな》しみのため、水泳《すいえい》をやめようと考《かんが》えます。学校《がっこう》の先生《せんせい》や周囲《しゅうい》の人々《ひとびと》の支《し》えんで泳《およ》ぎ続《つづ》けることを決意《けつい》。秀子《ひでこ》は、毎日《まいにち》２万《まん》ｍを泳《およ》ぐきびしい練習《れんしゅう》にたえます。その練習《れんしゅう》が精神面《せいしんめん》でも支《ささ》えになり、1932年《ねん》オリンピック・ロサンゼルス大会《たいかい》の200m平泳《ひらおよ》ぎで銀《ぎん》メダルを獲得《かくとく》します。４年後《ねんご》のベルリン大会《たいかい》ではコーチもつけず、たった１人《ひとり》で挑戦《ちょうせん》。ついに金《きん》メダルをつかみます。母《はは》の「泳《およ》いでいるのは自分《じぶん》１人《ひとり》ではない」という言葉《ことば》がはげみでした。

園部秀雄《そのべひでお》

薙刀術師範《なぎなたじゅつしはん》 ●1870-1963年《ねん》／日本《にほん》（宮城出身《みやぎしゅっしん》）

秀雄《ひでお》の本名《ほんみょう》は、たりたといいます。女子《じょし》ばかりが６人続《にんつづ》けて生《う》まれたことを残念《ざんねん》に思《おも》った仙台藩士《せんだいはんし》の父《ちち》が「女《おんな》はもう足《た》りた」と言《い》ったことから名《な》づけられました。幼年《ようねん》のたりたは、たいへん活発《かっぱつ》に育《そだ》ちます。16歳《さい》の時《とき》、仙台《せんだい》に来《き》た直心影流薙刀術《じきしんかげりゅうなぎなたじゅつ》の宗家《そうけ》・佐竹《さたけ》鑑柳斎《かんりゅうさい》による薙刀《なぎなた》を見《み》て夢中《むちゅう》になり、父《ちち》の反対《はんたい》を押《お》し切《き》って入門《にゅうもん》します。興行《こうぎょう》に参加《さんか》しながら、鑑柳斎《かんりゅうさい》とその妻《つま》から薙刀術《なぎなたじゅつ》を学《まな》びます。その技術《ぎじゅつ》を認《みと》められ、指導員《しどういん》の資格《しかく》があたえられました。その時《とき》に「秀雄《ひでお》」という名前《なまえ》が授《さず》けられました。

秀雄《ひでお》は、薙刀《なぎなた》では右《みぎ》に出《で》るものがない女性武道家《じょせいぶどうか》となり、25歳《さい》で直心影流薙刀術《じきしんかげりゅうなぎなたじゅつ》の第《だい》15代宗家《だいそうけ》をつぎます。薙刀《なぎなた》は、江戸時代《えどじだい》には武家《ぶけ》の女子《じょし》のたしなみとなり、明治《めいじ》になると庶民《しょみん》も含《ふく》めた女子《じょし》の間《あいだ》に発展《はってん》した武道《ぶどう》です。昭和初期《しょうわしょき》には学校教育《がっこうきょういく》に取《と》り入《い》れられ、秀雄《ひでお》はさまざまな女学校《じょがっこう》で薙刀《なぎなた》の指導《しどう》にあたりました。薙刀《なぎなた》を使《つか》う時《とき》の精神気合《せいしんきあい》は、ほうきを持《も》つ時《とき》、道《みち》を歩《ある》く時《とき》でも同様《どうよう》に働《はたら》かせなくてはならないと弟子《でし》に言《い》い、「武道《ぶどう》の生活化《せいかつか》」を伝《つた》えました。

高山《たかやま》たつ

登山家《とざんか》 ●1813-1876年《ねん》／日本《にほん》（東京出身《とうきょうしゅっしん》）

富士山《ふじさん》は、昔《むかし》から何度《なんど》も噴火《ふんか》をくり返《かえ》したためおそれられていましたが、同時《どうじ》に神《かみ》としてあがめられていました。江戸時代《えどじだい》には「富士講《ふじこう》」という、信仰《しんこう》のための登山《とざん》が始《はじ》まりました。今《いま》では多《おお》くの人《ひと》が登山《とざん》に訪《おとず》れますが、この当時《とうじ》は女性《じょせい》の富士山登山《ふじさんとざん》は禁止《きんし》されていました。女性《じょせい》は不浄《ふじょう》の存在《そんざい》で、山《やま》を汚《けが》すと考《かんが》えられていたからです。

そんな時代《じだい》の1832年《ねん》、女性《じょせい》で初《はじ》めて富士山登頂《ふじさんとうちょう》を成《な》しとげたのが、たつです。たつは、尾張徳川家《おわりとくがわけ》の江戸屋敷《えどやしき》に奥女中《おくじょちゅう》として仕《つか》える女性《じょせい》でした。富士山《ふじさん》を信仰《しんこう》する宗教家《しゅうきょうか》・小谷三志《こだにさんし》の男女平等《だんじょびょうどう》の考《かんが》えに共感《きょうかん》し、何《なん》としても富士山《ふじさん》に登《のぼ》りたいと願《ねが》い、男装《だんそう》して登頂《とうちょう》に挑戦《ちょうせん》したのです。

たつの登頂《とうちょう》から４年後《ねんご》、富士山中腹《ふじさんちゅうふく》に女性《じょせい》が富士山頂《ふじさんちょう》を拝《おが》むための場所《ばしょ》がつくられ、1872年《ねん》には富士山《ふじさん》の女人禁制《にょにんきんせい》が解《と》かれました。

アメリア・イヤハート

冒険家《ぼうけんか》・パイロット　1897-1937年《ねん》／アメリカ

空《そら》を飛《と》ぶことだけを夢見《ゆめみ》て 大西洋単独横断飛行《たいせいようたんどくおうだんひこう》を成《な》しとげた初《はつ》の女性《じょせい》パイロット

何故《なぜ》って、やってみたいから、それだけです。

（出典《しゅってん》：青木富貴子《あおきふきこ》『アメリアを探《さが》せ』文藝春秋《ぶんげいしゅんじゅう》）

大西洋単独横断飛行《たいせいようたんどくおうだんひこう》の後《あと》、1937年《ねん》、アメリアは世界一周《せかいいっしゅう》飛行《ひこう》への挑戦《ちょうせん》を発表《はっぴょう》しました。「なぜ、あなたは世界一周飛行《せかいいっしゅうひこう》をするのですか」という記者《きしゃ》の質問《しつもん》に対《たい》するアメリアの答《こた》えが上《うえ》の言葉《ことば》です。全航程《ぜんこうてい》2万《まん》9000マイル（約《やく》4万《まん》6700km）の世界一周《せかいいっしゅう》は、まだだれも試《こころ》みたことのない飛行《ひこう》でした。新《あら》たな挑戦《ちょうせん》の旅《たび》へとアメリアは飛《と》び立《た》ったのです。

「ナインティナインズ」（99人会《にんかい》）という働《はたら》く女性《じょせい》の会《かい》の会長《かいちょう》になり、女性《じょせい》の地《ち》位向上《いこうじょう》のためにつくした。

愛《あい》する大空《おおぞら》へと消《き》えた、永遠《えいえん》のヒロイン

小《ちい》さなころから活発《かっぱつ》だったアメリア。弁護士《べんごし》だった父《ちち》は、アメリアがフットボールや乗馬《じょうば》に興味《きょうみ》をもつと、その望《のぞ》みをかなえてくれる自由《じゆう》な考《かんが》えのもち主《ぬし》でした。

決断力《けつだんりょく》にすぐれたアメリアも、若《わか》いころは自分《じぶん》の進路《しんろ》にとてもなやみました。フィラデルフィアの女子大《じょしだい》を中退《ちゅうたい》、カナダ・トロントの病院《びょういん》で戦地《せんち》からもどった兵士《へいし》を看護《かんご》するボランティアをした後《あと》、コロンビア大学《だいがく》で医学《いがく》を学《まな》びますが、自分《じぶん》の道《みち》だという確信《かくしん》がもてませんでした。ある日《ひ》アメリアは、当時盛《とうじさか》んだった飛行《ひこう》ショーでの体験飛行《たいけんひこう》で、「パイロットになりたい」と思《おも》います。

それ以来《いらい》、アルバイトをしながら飛行訓練所《ひこうくんれんじょ》に通《かよ》い、自分《じぶん》の飛行機《ひこうき》も購入《こうにゅう》して、技術《ぎじゅつ》をみがきます。女性《じょせい》の高度記録《こうどきろく》も達成《たっせい》しました。そんなアメリアが大《おお》きく花開《はなひら》くのは、後《のち》に夫《おっと》となるジョージ・パトナムと出会《であ》ってからです。

パトナムは、初《はつ》の大西洋横断《たいせいようおうだん》に成功《せいこう》したリンドバーグの手記《しゅき》を出版《しゅっぱん》した出版社《しゅっぱんしゃ》の社長《しゃちょう》でした。パトナムのすすめで、アメリアは2人《ふたり》の男性《だんせい》パイロットとともに

操縦《そうじゅう》する時《とき》は軽装《けいそう》。髪《かみ》もショートカットで、その髪型《かみがた》は「アメリアカット」とよばれて流行《りゅうこう》となった。

大西洋横断《たいせいようおうだん》に成功《せいこう》、大《おお》きな話題《わだい》となります。さらに、女性《じょせい》として初《はじ》めて単独大西洋横断飛行《たんどくたいせいようおうだんひこう》に成功《せいこう》。その名声《めいせい》は世界中《せかいじゅう》に広《ひろ》がりました。

アメリアが最後《さいご》の冒険《ぼうけん》へと飛《と》び立《た》ったのは1937年《ねん》6月《がつ》。フロリダから出発《しゅっぱつ》、世界一周飛行《せかいいっしゅうひこう》のとちゅう、はっきりとは聞《き》きとれない通信《つうしん》を最後《さいご》に消息《しょうそく》を絶《た》ちました。アメリカ海軍《かいぐん》が航空母艦《こうくうぼかん》を出動《しゅつどう》し、大《おお》がかりな捜索《そうさく》をしましたが何《なに》も見《み》つけられませんでした。アメリアの行方《ゆくえ》は現在《げんざい》もわかっていません。

西《にし》﨑《ざき》キク

飛行士《ひこうし》　1912-1979年《ねん》／日本《にほん》(埼玉出身《さいたましゅっしん》)

日本《にほん》の女性版《じょせいばん》サン＝テグジュペリとよばれた飛行士《ひこうし》、つねに新《あたら》しいことに挑戦《ちょうせん》し続《つづ》けた人生《じんせい》

> ただ一度《いちど》の人生《じんせい》だから、
> 自分《じぶん》の可能性《かのうせい》を追《お》い求《もと》めよう。

(出典《しゅってん》：埼玉県上里町《さいたまけんかみさとまち》ホームページ)

キクが日本女性《にほんじょせい》として海外初飛行《かいがいはつひこう》を成功《せいこう》させた翌年《よくねん》、日中《にっちゅう》戦争《せんそう》が激《はげ》しくなります。キクは、陸軍省《りくぐんしょう》に患者輸送機《かんじゃゆそうき》の操縦《そうじゅう》士《し》を志願《しがん》しますが、かなえられませんでした。女性飛行士《じょせいひこうし》としての仕事《しごと》をあきらめますが、新《あら》たな人生《じんせい》を切《き》りひらきます。希望《きぼう》が絶《た》たれても歩《あゆ》みを止《と》めず、自分《じぶん》を生《い》かすため限界《げんかい》に挑《ちょう》戦《せん》する強《つよ》さがキクにはありました。

亜細亜航空学校《あじあこうくうがっこう》で訓練中《くんれんちゅう》のキク。

目標《もくひょう》が変《か》わっても、限界《げんかい》までつき進《すす》んだ

キクは、1929年《ねん》に埼玉県女子師範学校《さいたまけんじょししはんがっこう》を卒業《そつぎょう》し、16歳《さい》で小学校《しょうがっこう》の先生《せんせい》になります。生徒《せいと》を引率《いんそつ》した飛行場見学《ひこうじょうけんがく》で飛行《ひこう》機《き》を見《み》ると、その魅力《みりょく》に夢中《むちゅう》になり、自分《じぶん》も飛行機《ひこうき》を操縦《そうじゅう》したいと願《ねが》うようになります。２年後《ねんご》、教師《きょうし》を辞《や》め、開校《かいこう》したばかりの東京《とうきょう》・深川《ふかがわ》の第一飛行学校《だいいちひこうがっこう》に入学《にゅうがく》。小栗飛行学校《おぐりひこうがっこう》を経《へ》て、愛知県《あいちけん》の安藤飛行機研究所《あんどうひこうきけんきゅうしょ》に入学《にゅうがく》、20歳《さい》で日本女性《にほんじょせい》で初《はじ》めて水上飛行機《すいじょうひこうき》の操縦士《そうじゅうし》になりました。21歳《さい》の時《とき》には満《まん》州《しゅう》(今《いま》の中国東北部《ちゅうごくとうほくぶ》)までの飛行《ひこう》に成功《せいこう》。日本女性《にほんじょせい》として初《はじ》めて海外飛行《かいがいひこう》を達成《たっせい》しました。

戦争《せんそう》が始《はじ》まって飛行《ひこう》の道《みち》を断《た》たれたキクは結婚《けっこん》し、「大陸《たいりく》の花嫁《はなよめ》」として満州開拓団《まんしゅうかいたくだん》(日本《にほん》から満州《まんしゅう》に移《うつ》り住《す》んだ農業移《のうぎょうい》民団《みんだん》)に加《くわ》わりますが、夫《おっと》が病死《びょうし》。しかし、その後《ご》も開拓者《かいたくしゃ》として満州《まんしゅう》に残《のこ》ります。1943年《ねん》に再婚《さいこん》した夫《おっと》もソ連《れん》の捕虜《ほりょ》となるなど、苦労《くろう》はつきませんでした。戦後《せんご》、夫《おっと》の帰《かえ》りを待《ま》ちながら、埼玉県《さいたまけん》の七本木開拓団《しちほんぎかいたくだん》に入《はい》ります。やがて、帰《かえ》ってきた夫《おっと》と酸性土壌《さんせいどじょう》での作物《さくもつ》の植《う》えつけに挑戦《ちょうせん》して成功《せいこう》。その体験記《たいけんき》『酸性土壌《さんせいどじょう》に生《い》きる』で、その栽培方法《さいばいほうほう》を広《ひろ》く伝《つた》えました。飛行機《ひこうき》の操縦《そうじゅう》かんを、大地《だいち》を耕《たがや》すくわにもちかえ、キクは自分《じぶん》の可能性《かのうせい》を追《お》い求《もと》めました。

満州開拓団《まんしゅうかいたくだん》の指《し》導員《どういん》だった西﨑了《にしざきさとる》と再婚《さいこん》。長男《ちょうなん》の峻《たかし》が誕生《たんじょう》し、満州《まんしゅう》での生活《せいかつ》が落《お》ち着《つ》いてきたころ。

歴《れき》史《し》年《ねん》表《ぴょう》（文《ぶん》学《がく》・美《び》術《じゅつ》・芸《げい》能《のう》・文《ぶん》化《か》分《ぶん》野《や》を中《ちゅう》心《しん》に）

時《じ》代《だい》：江戸《えど》／明治《めいじ》／大正《たいしょう》／昭和《しょうわ》

日《に》本《ほん》のおもなできごと

江戸《えど》

- 一六〇三 ●**歌舞伎《かぶき》の始《はじ》まり**
- 一八五三 ペリーが浦賀《うらが》に来航《らいこう》

明治《めいじ》

- 一八六八 明治維新《めいじいしん》／戊辰戦争《ぼしんせんそう》（～一八六九）
- 一八七一 廃藩置県《はいはんちけん》
- 一八七二 学制公布《がくせいこうふ》
- 一八七四 民撰議院設立建白書《みんせんぎいんせつりつけんぱくしょ》／自由民権運動《じゆうみんけんうんどう》が始《はじ》まる
- 一八七七 西南戦争《せいなんせんそう》
- 一八八九 大日本帝国憲法発布《だいにっぽんていこくけんぽうはっぷ》／東海道線《とうかいどうせん》が全線開通《ぜんせんかいつう》（新橋《しんばし》～神戸間《こうべかん》）
- 一八九〇 第一回帝国議会《だいいっかいていこくぎかい》
- 一八九四 日清戦争《にっしんせんそう》（～一八九五）
- 一八九九 **川上貞奴《かわかみさだやっこ》（p26）、アメリカで、舞台《ぶたい》に立《た》つ**
- 一九〇一 八幡製鉄所操業開始《やはたせいてつじょそうぎょうかいし》
- 一九〇四 日露戦争《にちろせんそう》（～一九〇五）
- 一九一〇 韓国併合《かんこくへいごう》
- 一九一一 ●**平塚《ひらつか》らいてう（ちょう）、文芸誌《ぶんげいし》『青鞜《せいとう》』を創刊《そうかん》**／**松井須磨子《まついすまこ》（p22）、帝国劇場《ていこくげきじょう》で『ハムレット』オフィーリアを演《えん》じる**

大正《たいしょう》

- 一九一四 第一次世界大戦《だいいちじせかいたいせん》に参戦《さんせん》
- 一九一八 米騒動《こめそうどう》／シベリア出兵《しゅっぺい》（～一九二二）
- 一九二三 関東大震災《かんとうだいしんさい》
- 一九二五 普通選挙法制定《ふつうせんきょほうせいてい》／●**ラジオ放送開始《ほうそうかいし》**／**山野千枝子《やまのちえこ》（p38）、東京《とうきょう》・丸ノ内《まるのうち》に「丸ノ内美容院《まるのうちびよういん》」を開店《かいてん》**

昭和《しょうわ》

- 一九二八 **人見絹枝《ひとみきぬえ》（p40）、オリンピックアムステルダム大会《たいかい》800m走《そう》で銀《ぎん》メダル**
- 一九三一 満州事変《まんしゅうじへん》
- 一九三二 五《ご》・一五事件《いちごじけん》
- 一九三三 国際連盟脱退《こくさいれんめいだったい》
- 一九三四 **西崎《にしざき》キク（p43）、満州飛行《まんしゅうひこう》を成功《せいこう》**

世《せ》界《かい》のおもなできごと

- 一七八一 ワット、蒸気機関《じょうききかん》を発明《はつめい》（産業革命《さんぎょうかくめい》が進《すす》む）
- 一八六一 アメリカ南北戦争《なんぼくせんそう》（～一八六五）
- 一八六三 ●**アメリカ奴《ど》れい解放宣言《かいほうせんげん》**
- 一八七一 ドイツ帝国成立《ていこくせいりつ》
- 一八七九 エジソンが電灯《でんとう》を実用化《じつようか》
- 一八九六 ●**第一回近代《だいいっかいきんだい》オリンピック（アテネ）**
- 一九〇三 ●**ライト兄弟《きょうだい》が動力飛行《どうりょくひこう》に成功《せいこう》**
- 一九一一 中国《ちゅうごく》で辛亥革命《しんがいかくめい》
- 一九一二 中華民国《ちゅうかみんこく》が成立《せいりつ》、清《しん》がほろびる
- 一九一四 第一次世界大戦《だいいちじせかいたいせん》（～一九一八）
- 一九一七 ロシア革命《かくめい》（ロシア帝国崩壊《ていこくほうかい》、ソヴィエト連邦成立《れんぽうせいりつ》へ）
- 一九二〇 国際連盟発足《こくさいれんめいほっそく》／**アガサ・クリスティ（p10）、推理作家《すいりさっか》としてデビュー**
- 一九二七 ●**リンドバーグ、大西洋横断無着陸飛行《たいせいようおうだんむちゃくりくひこう》に成功《せいこう》**
- 一九二九 世界恐慌《せかいきょうこう》
- 一九三三 ドイツ、ナチス政権誕生《せいけんたんじょう》

二〇一一　東日本大震災《ひがしにほんだいしんさい》
二〇〇八　**石岡瑛子《いしおかえいこ》（p35）、北京《ペキン》オリンピック開会式《かいかいしき》衣装《いしょう》を担当《たんとう》**
一九九五　阪神《はんしん》・淡路大震災《あわじだいしんさい》
一九八八　**美空《みそら》ひばり（p27）、復活公演《ふっかつこうえん》「不死鳥《ふしちょう》」を行《おこな》う**
一九八〇　**向田邦子《むこうだくにこ》（p13）、第《だい》83回直木賞《かいなおきしょう》を受賞《じゅしょう》**
一九七三　石油危機《せきゆきき》
山口小夜子《やまぐちさよこ》（p38）、パリコレクションでモデルデビュー
一九七二　沖縄《おきなわ》が日本《にほん》に復帰《ふっき》／日中国交正常化《にっちゅうこっこうせいじょうか》
一九六八　**髙野悦子《たかのえつこ》（p37）、岩波《いわなみ》ホール総支配人《そうしはいにん》に就任《しゅうにん》**
一九六四　●**オリンピック東京大会《とうきょうたいかい》**
一九五八　**山崎豊子《やまさきとよこ》（p10）、第《だい》39回直木賞《かいなおきしょう》を受賞《じゅしょう》**
一九五七　**羽田澄子《はねだすみこ》（p36）、「村《むら》の婦人学級《ふじんがっきゅう》」を初制作《はつせいさく》**
一九五六　国際連合《こくさいれんごう》に加盟《かめい》
一九五五　**江上《えがみ》トミ（p39）、江上料理学院《えがみりょうりがくいん》を開《ひら》く**
一九五四　第五福竜丸《だいごふくりゅうまる》被爆《ひばく》
一九五三　●**テレビ放送開始《ほうそうかいし》**
一九五二　**村岡花子《むらおかはなこ》（p8）、『赤毛《あかげ》のアン』を翻訳《ほんやく》し、発刊《はっかん》**
一九五一　サンフランシスコ平和条約《へいわじょうやく》／日米安全保障条約《にちべいあんぜんほしょうじょうやく》
一九四九　湯川秀樹《ゆかわひでき》、日本人初《にほんじんはつ》のノーベル賞受賞《しょうじゅしょう》
一九四八　**大橋鎭子《おおはししずこ》（p12）、『美《うつく》しい暮《くら》しの手帖《てちょう》』を創刊《そうかん》**
一九四七　教育基本法公布《きょういくきほんほうこうふ》／学校教育《がっこうきょういく》は六《ろく》・三《さん》・三《さん》・四制《よんせい》に
一九四六　日本国憲法公布《にほんこくけんぽうこうふ》
財閥解体《ざいばつかいたい》／女性参政権《じょせいさんせいけん》が認《みと》められる
一九四五　広島《ひろしま》・長崎《ながさき》に原子爆弾投下《げんしばくだんとうか》、終戦《しゅうせん》
一九四一　真珠湾攻撃《しんじゅわんこうげき》（太平洋戦争《たいへいようせんそう》の開始《かいし》）
一九四〇　**石井桃子《いしいももこ》（p4）、『クマのプーさん』を翻訳《ほんやく》し、発刊《はっかん》**
一九三七　日中戦争《にっちゅうせんそう》（〜一九四五）
前畑秀子《まえはたひでこ》（p41）、オリンピックベルリン大会《たいかい》200m平泳《ひらおよ》ぎで金《きん》メダル
一九三六　二《に》・二六事件《にろくじけん》
一九三五　**長谷川町子《はせがわまちこ》（p16）、漫画家《まんがか》としてデビュー**

二〇〇一　アメリカ同時多発《どうじたはつ》テロ
一九九一　湾岸戦争《わんがんせんそう》／ソヴィエト連邦解体《れんぽうかいたい》
一九六八　核拡散防止条約《かくかくさんぼうしじょうやく》
一九六五　ベトナム戦争激化《せんそうげきか》
一九六三　●**キング牧師《ぼくし》、人種差別撤廃《じんしゅさべつてっぱい》を求《もと》め、ワシントンで大行進《だいこうしん》を率《ひき》いる**
一九五五　**マリアン・アンダーソン（p28）、メトロポリタン歌劇場《かげきじょう》に立《た》つ**
イーディス・ヘッド（p35）、アカデミー賞衣装《しょういしょう》デザイン賞《しょう》を2つ受賞《じゅしょう》
一九五〇　朝鮮戦争《ちょうせんせんそう》（〜一九五三）
一九四九　中華人民共和国成立《ちゅうかじんみんきょうわこくせいりつ》
一九四七　インド独立《どくりつ》
国際連合発足《こくさいれんごうほっそく》
一九四五　アメリカ、原子爆弾《げんしばくだん》を開発《かいはつ》
マリアン・アンダーソン（p28）、リンカーン記念堂《きねんどう》で歌《うた》う
一九三九　第二次世界大戦《だいにじせかいたいせん》（〜一九四五）
一九三七　**アメリア・イヤハート（p42）、世界一周飛行《せかいいっしゅうひこう》に出発《しゅっぱつ》**

訪《たず》ねてみよう　美術館《びじゅつかん》・記念館《きねんかん》

この本《ほん》に登場《とうじょう》した人物《じんぶつ》にゆかりの資料《しりょう》や写真《しゃしん》を所蔵《しょぞう》·展示《てんじ》している、日本国内《にほんこくない》の美術館《びじゅつかん》や記念館《きねんかん》です。
休館日《きゅうかんび》や開館時間《かいかんじかん》などは変更《へんこう》になることがあるので、事前《じぜん》にホームページや電話《でんわ》で確認《かくにん》してからお出《で》かけください。

東京子《とうきょうこ》ども図書館《としょかん》

子《こ》どもの読書専門《どくしょせんもん》の私立図書館《しりつとしょかん》。児童室《じどうしつ》、資料室《しりょうしつ》がある。

〒165-0023　東京都中野区江原町《とうきょうとなかのくえはらちょう》1-19-10

☎03-3565-7711

㊡日曜《にちよう》・月曜《げつよう》・木曜《もくよう》・祝日《しゅくじつ》(夏期《かき》・年末年始《ねんまつねんし》)

かつら文庫《ぶんこ》(東京子《とうきょうこ》ども図書館《としょかん》)

石井桃子《いしいももこ》が自宅《じたく》で始《はじ》めた図書室《としょしつ》。桃子《ももこ》の書斎《しょさい》と居間《いま》、展示室《てんじしつ》などを公開《こうかい》。

〒167-0051　東京都杉並区荻窪《とうきょうとすぎなみくおぎくぼ》3-37-11

☎03-3565-7711

開館日《かいかんび》(子《こ》ども)第《だい》1～4土曜《どよう》　公開日《こうかいび》(大人《おとな》)原則《げんそく》 火曜《かよう》・木曜《もくよう》

旧白洲邸《きゅうしらすてい》　武相荘《ぶあいそう》

白洲正子《しらすまさこ》が住《す》んだ家《いえ》を開放《かいほう》し、骨《こっ》とうや絵画《かいが》などを展示《てんじ》。

〒195-0053　東京都町田市能ヶ谷《とうきょうとまちだしのうがや》7-3-2

☎042-735-5732

㊡月曜《げつよう》(祝日《しゅくじつ》·振替休日《ふりかえきゅうじつ》は開館《かいかん》)、夏期《かき》·冬期《とうき》

向田邦子文庫展示室《むこうだくにこぶんこてんじしつ》

向田邦子《むこうだくにこ》の旧蔵書《きゅうぞうしょ》、シナリオ、執筆記事《しっぴつきじ》、関連書籍等《かんれんしょせきとう》を展示《てんじ》。

〒150-8538　東京都渋谷区東《とうきょうとしぶやくひがし》1-1-49
実践女子大学《じっせんじょしだいがく》·実践女子大学短期大学部図書館《じっせんじょしだいがくたんきだいがくぶとしょかん》
渋谷《しぶや》キャンパス　120周年記念館《しゅうねんきねんかん》1階《かい》プラザ

☎03-6450-6829

㊡日曜《にちよう》、祝日《しゅくじつ》、休校日《きゅうこうび》、展示替期間《てんじかえきかん》など

台東区立樋口一葉記念館《たいとうくりつひぐちいちようきねんかん》

樋口一葉《ひぐちいちよう》が書《か》いた原稿《げんこう》、詠《よ》んだ歌《うた》、机《つくえ》(複製《ふくせい》)などを展示《てんじ》。

〒110-0012　東京都台東区竜泉《とうきょうとたいとうくりゅうせん》3-18-4

☎03-3873-0004

㊡月曜《げつよう》(祝日《しゅくじつ》の場合《ばあい》は翌日《よくじつ》)、年末年始《ねんまつねんし》、特別整理期間《とくべつせいりきかん》

さかい利晶《りしょう》の杜《もり》 与謝野晶子記念館《よさのあきこきねんかん》

与謝野晶子《よさのあきこ》の生《う》まれ育《そだ》った家《いえ》を再現《さいげん》、晶子《あきこ》の本《ほん》の装丁等《そうていとう》を展示《てんじ》。

〒590-0958　大阪府堺市堺区宿院町西《おおさかふさかいしさかいくしゅくいんちょうにし》2-1-1

☎072-260-4386

㊡第《だい》3火曜《かよう》(祝日《しゅくじつ》の場合《ばあい》は翌日《よくじつ》)、年末年始《ねんまつねんし》

宇治市源氏物語《うじしげんじものがたり》ミュージアム

平安貴族《へいあんきぞく》の暮《く》らしや行事《ぎょうじ》を紹介《しょうかい》。映像展示室《えいぞうてんじしつ》で映画《えいが》を上映《じょうえい》。

〒611-0021　京都府宇治市宇治東内《きょうとふうじしうじひがしうち》45-26

☎0774-39-9300

㊡月曜《げつよう》(祝日《しゅくじつ》の場合《ばあい》は翌日《よくじつ》)、年末年始《ねんまつねんし》

長谷川町子美術館《はせがわまちこびじゅつかん》

長谷川町子《はせがわまちこ》の所蔵《しょぞう》する美術品《びじゅつひん》、漫画《まんが》の原画《げんが》などを展示《てんじ》。

〒154-0015 東京都世田谷区桜新町《とうきょうとせたがやくさくらしんまち》1-30-6

☎03-3701-8766

㊡月曜《げつよう》(祝日《しゅくじつ》の場合《ばあい》は翌日《よくじつ》)、展示替期間《てんじかえきかん》、年末年始《ねんまつねんし》

ちひろ美術館《びじゅつかん》·東京《とうきょう》

いわさきちひろの自宅《じたく》アトリエを復元《ふくげん》、作品《さくひん》、資料《しりょう》を展示《てんじ》。

〒177-0042　東京都練馬区下石神井《とうきょうとねりまくしもしゃくじい》4-7-2

☎03-3995-0612

㊡月曜《げつよう》(祝日《しゅくじつ》の場合《ばあい》は翌日《よくじつ》)、年末年始《ねんまつねんし》、冬期休館《とうききゅうかん》(2月1日《がつついたち》～2月末日《がつまつじつ》)

安曇野《あずみの》ちひろ美術館《びじゅつかん》

ちひろの両親《りょうしん》の出身地《しゅっしんち》、ちひろの心《こころ》のふるさとにつくられた美術館《びじゅつかん》。

〒399-8501 長野県北安曇郡松川村西原《ながのけんきたあずみぐんまつかわむらにしはら》3358-24

☎0261-62-0772

㊡第《だい》2·4水曜《すいよう》(祝日《しゅくじつ》の場合《ばあい》は翌日《よくじつ》)、冬期休館《とうききゅうかん》(12月1日《がつついたち》～2月末日《がつまつじつ》)

池田記念美術館《いけだきねんびじゅつかん》

ラグーザ·玉《たま》の油彩画《ゆさいが》、少女時代《しょうじょじだい》の習作《しゅうさく》、写真《しゃしん》や手紙《てがみ》など展示《てんじ》。

〒949-7302　新潟県南魚沼市浦佐《にいがたけんみなみうおぬましうらさ》5493-3 八色《やいろ》の森公園内《もりこうえんない》

☎025-780-4080

㊡水曜《すいよう》、展示替期間《てんじかえきかん》

松伯美術館《しょうはくびじゅつかん》

上村松園《うえむらしょうえん》の作品《さくひん》、草稿《そうこう》、写生《しゃせい》など、美術資料《びじゅつしりょう》を展示《てんじ》。

〒631-0004 奈良県奈良市登美ヶ丘《ならけんならしとみがおか》2-1-4

☎0742-41-6666

㊡月曜《げつよう》(祝日《しゅくじつ》の場合《ばあい》は翌日《よくじつ》)、年末年始《ねんまつねんし》、展示替期間《てんじかえきかん》

滋賀県立近代美術館《しがけんりつきんだいびじゅつかん》

小倉遊亀《おぐらゆき》の代表的《だいひょうてき》な作品《さくひん》を所蔵《しょぞう》、展示《てんじ》。

〒520-2122 滋賀県大津市瀬田南大萱町《しがけんおおつしせたみなみおおがやちょう》1740-1

☎077-543-2111

㊡月曜《げつよう》(祝日《しゅくじつ》の場合《ばあい》は翌日《よくじつ》)、年末年始《ねんまつねんし》

美空《みそら》ひばり記念館《きねんかん》

美空《みそら》ひばりの自宅《じたく》を一般公開《いっぱんこうかい》し、ひばりの人生《じんせい》を映像《えいぞう》で上映《じょうえい》。

〒153-0042　東京都目黒区青葉台《とうきょうとめぐろくあおばだい》1-4-12

☎0570-000-868

㊡火曜《かよう》ほか

笹本恒子写真《ささもとつねこしゃしん》ギャラリー＆カフェ

笹本恒子《ささもとつねこ》が撮影《さつえい》した写真《しゃしん》を展示《てんじ》。金曜《きんよう》～日曜《にちよう》に公開《こうかい》。

〒062-0041　北海道札幌市豊平区福住《ほっかいどうさっぽろしとよひらくふくずみ》1条《じょう》8丁目《ちょうめ》3-5

☎090-2873-9300

㊡月曜《げつよう》～木曜《もくよう》

●写真提供・協力（掲載ページ順、敬称略）

表紙　東京子ども図書館／上里町立郷土資料館／ひばりプロダクション／有吉玉青／藤田三男事務所／武相荘／PPS通信社
p.4-7　東京子ども図書館／さいたま市立中央図書館／文藝春秋／杉並区立中央図書館
p.8-9　赤毛のアン記念館・村岡花子文庫／東洋英和女学院資料室
p.10　文藝春秋／PPS通信社
p.11　有吉玉青／藤田三男事務所／武相荘
p.12　暮しの手帖社
p.13　宮嵜 治／文藝春秋
p.14　国立国会図書館ホームページ
p.15　PPS通信社
p.16-17　長谷川町子美術館／田河水泡・のらくろ館
p.18　いわさきちひろ記念事業団
p.19　PPS通信社／池田記念美術館
p.20　松伯美術館／東京国立博物館
p.21　鉄樹
p.22-25　国立国会図書館ホームページ／不二出版／戸板女子短期大学／中央区立郷土天文館／奥村直史
p.26　川上新一郎／国立国会図書館ホームページ／茅ヶ崎市美術館／福岡市博物館
p.27　ひばりプロダクション
p.28-29　PPS通信社／Library of congress
p.30　国立国会図書館ホームページ
p.31　PPS通信社／オフィスK（草野浩二）
p.32-33　シャネル
p.34　KISSA（高田邦雄）／ダイマツ
p.35　PPS通信社／石岡怜子デザインオフィス
p.36　羽田澄子
p.37　小西康夫／小学館／岩波ホール
p.38　横須賀功光／資生堂／オフィスマイティー／朝日新聞フォトアーカイブ
p.39　江上料理学院／小林カツ代キッチンスタジオ／本田明子（本田キッチン・オフィス）／青山紀子／NHK出版
p.40　日本女子体育大学
p.41　椙山歴史文化館
p.42　PPS通信社
p.43　上里町立郷土資料館

●おもな参考文献

（本書の編集において参考にした文献のなかからおもなものを挙げています）

中川李枝子・松居直・松岡享子・若菜晃子ほか 著『石井桃子のことば』（新潮社）2014年
石井桃子 著『家と庭と犬とねこ』『みがけば光る』『プーと私』『新しいおとな』（河出書房新社）2013年、2014年
尾崎真理子 著『ひみつの王国』（新潮社）2014年
村岡恵理 著『アンのゆりかご〜村岡花子の生涯』（新潮社）2011年
村岡恵理 監修『KAWADE夢ムック　文藝別冊 村岡花子』（河出書房新社）2014年
村岡恵理 監修　内田静枝 編『赤毛のアンとともに生きて　村岡花子の世界』（河出書房新社）2014年
小学社会６上（教育出版）2015年
山崎豊子 著『山崎豊子自作を語る 大阪づくし 私の産声』（新潮社）2011年
アガサ・クリスティ 著『アガサ・クリスティ自伝』乾信一郎 訳（早川書房）2004年
マッシュー・ブンスン 著『アガサ・クリスティ大辞典』笹田裕子・ロジャー・プライヤ訳（柊風舎）2010年
『新潮日本文学アルバム 有吉佐和子』（新潮社）1995年
有吉玉青 著『身がわり 母・有吉佐和子との日日』（新潮社）1992年
川村二郎 著『いまなぜ白洲正子なのか』（東京書籍）2008年
白洲正子 著『かくれ里 愛蔵版』（新潮社）2010年
『白洲正子の世界』（平凡社）2000年
大橋鎭子 著『「暮しの手帖」とわたし』（暮しの手帖社）2011年
津野海太郎 著『花森安治伝』（新潮社）2016年
『茨木のり子展図録』（世田谷文学館学芸課）2014年
後藤正治 著『清冽　詩人茨木のり子の肖像』（中央公論社）2014年
向田邦子 著『夜中の薔薇「手袋をさがす」』（講談社）1984年
『向田邦子を旅するクロワッサンムック』（マガジンハウス）2000年
高橋和彦 著『完全現代語訳 樋口一葉日記』（アドレエー）1993年
『新潮日本文学アルバム　樋口一葉』（新潮社）1985年
『鉄幹晶子全集第22巻』（勉誠出版）2007年
青山誠子 著『ブロンテ姉妹』（朝日選書）1995年
深沢俊 著『ヴァージニア・ウルフ入門』（北星堂書店）1982年
石井康一 著『ヴァージニア・ウルフの世界』（南雲堂）1976年
長谷川町子 著『長谷川町子思い出記念館』（朝日新聞社）2001年
樋口恵子 著『サザエさんからいじわるばあさんへ』（ドメス出版）1993年
筑摩書房 編『ちくま評伝シリーズ〈ポルトレ〉長谷川町子』（筑摩書房）2014年
ちひろ美術館 監修『KAWADE夢ムック　文藝別冊〔総特集〕いわさきちひろ』（河出書房新社）2013年
ちひろ美術館 監修『別冊太陽　いわさきちひろ』（平凡社）2007年
クリスティーナ・ビュリュス 著『フリーダ・カーロ　痛みこそ、わが真実』堀尾真紀子監修、遠藤ゆかり 訳（創元社）2008年
木村毅 編『ラグーザお玉自叙伝』（恒文社）1980年
中尾明 著『異郷に咲いたなでしこの花　イタリアにわたった日本初の女流洋画家ラグーザ・玉』（PHP研究所）1987年
円地文子 監修『人物女性の日本史９　芸の道ひとすじに』（集英社）1977年
瀬戸内晴美 編『明治女性の知的情熱　人物近代女性史』（講談社）1989年
草薙奈津子 監修『日本美術　女性画家の全貌。——失踪する美の亜スリーリートたち』（美術年鑑社）2003年
『百歳記念　小倉遊亀展』（朝日新聞社）
堀尾真紀子 著『女性画家10の叫び』（岩波ジュニア新書　岩波書店）2013年
千足伸行 監修『すぐわかる女性画家の魅力』（東京美術）2007年
読売新聞大阪新聞本社 編『明治人　言っておきたいこと』（東方出版）1998年
小沢さとし 著『松井須磨子物語』（ほおずき書籍）2013年
戸板康二 著『松井須磨子　女優の愛と死』（文藝春秋）1986年
長谷川時雨 著『列伝叢書６　近代美人伝』（大空社）1994年
川上貞奴 著『自伝 音二郎・貞奴』（三一書房）1984年
レズリー・ダウナー 著『マダム貞奴』木村英明 訳（集英社）2007年
中村彰彦 編著『明治を駆けぬけた女たち』（ダイナミックセラーズ）1994年
美空ひばり 著『ひばり自伝 わたしと影』（草思社）1989年
パム・ムニョス・ライアン 文『マリアンは歌う』ブライアン・セルズニック 絵、もりうちすみこ 訳（光村教育図書）2013年
マリアン・アンダーソン 著『マリアン・アンダーソン』西崎一郎 訳（時事通信社）1959年
瀬戸内晴美 編『恋と芸術への情念　人物近代女性史』（講談社）1989年
エディット・ピアフ 著『わが愛の讃歌　エディット・ピアフ自伝』中井多津夫 訳（晶文社）1980年
江森陽弘 著『聞書き 越路吹雪 その愛と歌と死』（朝日新聞社）1981年
越路吹雪・岩谷時子 著『夢の中に君がいる』（講談社）1999年
秦早穂子 著『シャネル　20世紀のスタイル』（文化出版局）1990年
山口路子 著『ココ・シャネルという生き方』（KADOKAWA）2014年
高田喜佐 著『ザ・シューズ』（繊研新聞社）2013年
高田喜佐 著『靴を探しに』（筑摩書房）1999年
高田喜佐 著『素足が好き』（筑摩書房）2000年
川本恵子 著『魅惑という名の衣裳　ハリウッド・コスチュームデザイナー史』（キネマ旬報社）2009年
石岡瑛子 著『おんなのクリエイトブック』（講談社）1979年
石岡瑛子 著『私デザイン』（講談社）2005年
テレビ「NHK総合 プロフェッショナル仕事の流儀」2012年1月30日放送
羽田澄子 著『映画と私』（晶文社）2002年
羽田澄子 著『私の記録映画人生』（岩波書店）2014年
笹本恒子 著『ライカでショット』（新潮社）2014年
笹本恒子 著『99歳、現在進行形ね。』（小学館）2013年
古舘謙二 編『語るには若すぎますがⅡ』（河出書房新社）2003年
横須賀功光写真集『小夜子』（文化出版局）1984年
東京都現代美術館 編『山口小夜子 未来を着る人』（河出書房新社）2015年
大野木啓人・井上雄人 編『デザインの瞬間』（角川学芸出版）2003年
山野千枝子 著『光を求めて私の美容三十五年史』（サロン・ド・ボーテ）1956年
津谷明石 著『江上トミの料理一路』（朝日新聞社）1978年
小林カツ代 著『働く女性のキッチンライフ』（大和書房）2014年
学びの場ホームページ
https://www.manabinoba.com/index.cfm/6,5732,12,html
人見絹枝 著『炎のスプリンター—人見絹枝自伝』織田幹雄・戸田純 編（日本図書センター）1997年
兵藤秀子 著『前畑ガンバレ　文学の扉２』（金の星社）1981年
兵藤秀子 著『前畑は二度がんばりました 勇気、涙、そして愛　』（ごま書房）1985年
橋本市観光協会ホームページhttp://www.hashimoto-kanko.com/info/hyodou
『成蹊大学学内広報誌 ZELKOVA vol.73』
日本古武道協会ホームページ
http://www.nihonkobudokyoukai.org/martialarts/059/
「NHKテレビ総合 歴史秘話ヒストリア」2014年３月12日放送
リチャード・テームズ著『愛と勇気をあたえた人びと③　アメリア・イヤハート　それでも空を飛びたかった女性』シェリー佐藤 訳（国土社）1999年
ランドール・ブリンク 著『アメリア・イヤハート最後の飛行』平田隆 訳（新潮社）1995年
上里町ホームページ「郷土の偉人」http://www.town.kamisato.saitama.jp/ijin/

すぐに思《おも》い通《どお》りの仕事《しごと》が
見《み》つかるとは限《かぎ》りませんが、
好《す》きなことを続《つづ》けていくと、
何《なに》かしら道《みち》が見《み》えてきます。

「近《ちか》くに田沢稲舟《たざわいなぶね》*の生家《せいか》がある城下町《じょうかまち》に育《そだ》ち、本《ほん》が好《す》きだったので、なんとなく物《もの》を書《か》く人《ひと》になりたいなあと思《おも》っていました。」

*山形県《やまがたけん》出身《しゅっしん》の女性作家《じょせいさっか》。

監修

伊藤節（いとう・せつ）

東京家政大学教授、女性未来研究所副所長。

1946年山形県生まれ。津田塾大学大学院文学研究科博士課程修了。
専門は英語、英文学。日本ヴァージニア・ウルフ協会前会長。主な著書に『現代イギリス女性作家を読む1 フェイ・ウェルドン 魔女たちの饗宴』（共著、勁草書房）、『イギリス女性作家の半世紀4 80年代・女が語る』（編著、勁草書房）、『現代作家ガイド5 マーガレット・アトウッド』（編著、彩流社）など。

女《おんな》の人《ひと》の活《かつ》やくによって、
世《よ》の中《なか》で苦《くる》しみなやむ人《ひと》が
少《すこ》しでも減《へ》るように
したいですね。

「中学生《ちゅうがくせい》ですでに新聞記《しんぶんき》者《しゃ》になりたかったのですが、女性《じょせい》は受験《じゅけん》の機会《きかい》も少《すく》なく、みごとに大新聞《だいしんぶん》社《しゃ》を落《お》ちました。私《わたし》は就《しゅう》職《しょく》の大苦労人《だいくろうにん》です。でも今《いま》、似《に》たような仕事《しごと》をしています。」

監修

樋口恵子（ひぐち・けいこ）

評論家、東京家政大学名誉教授、女性未来研究所所長。

1932年東京生まれ。東京大学文学部卒業、同大学新聞研究所本科修了。時事通信社、学習研究社、キヤノンを経て、評論活動に入る。「高齢化社会をよくする女性の会」代表。主な著書に『女の人生七転び八起き』（海竜社）、『高齢化社会へのパスポート』（草土文化）、『女の子の育て方』（文化出版局）、『おひとりシニアのよろず人生相談』（主婦の友社）など多数。

なりたい自分《じぶん》になろう！
人生《じんせい》を切《き》りひらいた女性《じょせい》たち③
文学《ぶんがく》・美術《びじゅつ》・芸能《げいのう》・文化編《ぶんかへん》

2016年4月　初版発行

監　修　伊藤節　樋口恵子
発行者　升川秀雄
発行所　株式会社教育画劇
〒151-0051　東京都渋谷区千駄ヶ谷5-17-15
TEL：03-3341-3400　FAX：03-3341-8365
http://www.kyouikugageki.co.jp/

印刷・製本　大日本印刷株式会社

48P　268×210mm　NDC280

©KYOUIKUGAGEKI, 2016, Printed in Japan

ISBN978-4-7746-2048-0 C8323
（全3冊セット ISBN978-4-7746-3034-2 C8323）

●本書の無断転写・複製・転載を禁じます。
●乱丁、落丁本はお取り替えいたします。

イラスト（p.25, p.30, p.42）
丹下京子

年表イラスト
高橋正輝

撮影
松本のりこ

ブックデザイン
倉地亜紀子

執筆
金丸裕子
中山圭子

DTP
ニシ工芸

校正
小学館クリエイティブ（佐藤治）

編集・執筆
教育画劇編集部
小学館クリエイティブ（瀧沢裕子）